Luca Ciurleo

Mille e un caffè

I molti volti di un rito sociale

Edizioni Landexplorer

Indice

Desiderio di caffè

L'Italia, lo sappiamo, è ancora una giovane nazione, perché alla ricerca di fondamentali tratti identitari che ne consolidino l'unitarietà culturale: traiettorie di appartenenza nelle quali la gente possa identificarsi, per rinsaldare un compiuto e autorevole sistema istituzionale. Le appena trascorse elezioni nazionali hanno ribadito, se ne avevamo bisogno, la fotografia di un Paese a due velocità che parla lessici e coltiva stili di vita differenti, per molti versi oppositivi. Se questo è il quadro che sembra fornire l'ancora incerto, infermo profilo generale del Paese, è pur vero che il nostro vivere collettivo e il riconoscerci in non sempre attesi e identificati comuni e condivisi valori, rappresenta l'insieme sistemico di tratti, aspetti, tradizioni, innovazioni che ne compongono il sostrato etnico. Che il nostro Paese possieda un grande patrimonio di gesti e di parole che attengono alla cucina è cosa risaputa. Una tradizione d'impianto orale che solo recentemente è entrata a tutto titolo nel più innovativo dibattito sulle scienze gastronomiche che si possono considerare tali perché un autorevole percorso epistemico ha reso solide tali giovani discipline. I temi che attengono all'alimentazione sono diventati sovrani nel dibattito contemporaneo. La piramide sociale che, nella seconda parte del Novecento, collocava al vertice gli intellettuali, oggi si è rivoltata e, soprattutto i giovani, identificano nell'ereditata fabrilità del cuoco il lavoro più prestigioso cui aspirare. In questo generale quadro che ha scompaginato il sistema sociale e comportamentale non solo nazionale, vi sono traiettorie specifiche di costume, di stili di vita, connessi a particolari alimenti su cui è utile riflettere. E' quello che molto opportunamente ha fatto Luca Ciurleo con la pubblicazione *Mille e un caffè. I molti volti di un rito sociale* teso ad indagare le forme e le pratiche di una bevanda che unisce la nazione. L'esito del lavoro di indagine è una critica lettura spazio-temporale riguardante la bevanda che, più di altri alimenti, tratti sociali e identitari, con ogni probabilità unisce e rende concordi gli italiani.

Come ben sappiamo, la trasmissione dei saperi orali e gestuali che si tramandano di bocca in bocca tra generazioni, si fondano su tratti forti della comunicazione verbale quali le formularità: modi di dire, frasi ricorrenti, strutture proverbiali che favoriscono per la loro ripetitività e intercambiabilità il ricordo, l'attivazione della memoria. Luca Ciurleo mette opportunamente in risalto le intrinseche risorse di queste "frasi fatte" per quanto riguarda il caffè, stabilendo in questo modo una prosperità linguistica che è funzione di una ricchezza identitaria che la bevanda dispensa ogni giorno e che non ritroviamo con facilità e con uguale robustezza espressiva in altri alimenti. Il caffè è un ritmo costitutivo di vita interclassista (se ancora possiamo ricorrere a questo termine), nel contempo egemone e subalterno, è intergenerazionale, quasi da sembrare un universale antropologico. Scandisce il trascorrere della quotidianità e dell'eccezionalità della nazione, della comunità, della famiglia, dell'individualità. È un fatto privato e nel contempo pubblico. È la bevanda che più di ogni altra rinsalda i valori sociali e affettivi. È energia per il corpo e per la mente.

Seguendo l'interessante sentiero di conoscenza tracciato da Luca Ciurleo, il caffè è parte della storia, della mitologia, dell'arte, della cultura che genera desiderio, felicità, serenità, eccitazione, passione. Un progetto di vita, quello che attiene al caffè, che definisce meglio di ogni altra cosa il concetto d'italianità e di creatività. Una bevanda che origina e interpreta un fondamentale quanto inalienabile stile di vita della nazione. Un progetto di originalità gastronomica che dovrebbe essere riconosciuto quale patrimonio immateriale dell'umanità perché conserva, riflette, riproduce l'immaginario pratico e simbolico, letterario e poetico del quotidiano essere al mondo di un popolo.

Un'icastica tazzina, la nostra, che invita a icastici pensieri: il caffè è quella cosa per cui ti viene il desiderio di svegliarti.

prof. Piercarlo Grimaldi
Università degli Studi di Scienze Gastronomiche
Pollenzo
2018[1]

---

[1] La presente prefazione è stata fatta da Piercarlo Grimaldi per la prima edizione del volume.

Prefazione alla seconda edizione

Il caffè è un vero e proprio mondo che, volenti o nolenti, fa parte della nostra vita. Da sostanza "psicotropa" (per avere la giusta carica) sino a scusa per occasioni conviviali, da sinonimo di pausa a spunto di discussione e simbolo di identità nazionale (pensate alle classiche frasi sentite migliaia di volte quali *«il caffè come lo facciamo noi italiani / dalle mie parti, in nessun altro luogo al mondo!»*). Senza dimenticare la molteplicità di significati del termine: quando un termine entra così tanto nella cultura di un popolo da modificarne la linguistica è sintomo che quella matrice alimentare è fondativa per la cultura stessa. In italiano il termine "caffè", secondo la Treccani[2], ha ben cinque accezioni. Indica la pianta del genere *Coffea;* i suoi semi; la bevanda ottenuta dall'infusione dei semi e, semanticamente, i suoi surrogati; aggettivato descrive un colore come quello dei chicchi di caffè tostato (che in natura sono verdi) ed infine - questo è l'aspetto più interessante - il luogo dove lo si consuma, nel senso di locale pubblico dove si servono gli avventori, sinonimo di bar.

Scopo di questo volume è quello di fornire una doppia lettura alla "fenomenologia" del caffè, trasversale a tutti gli aspetti. E lo sguardo che voglio dare è quello prettamente antropologico, analizzandone le ritualità, piccole e grandi, di quello che potremmo definire un vero e proprio "culto", in cui, in Italia ad esempio, la macchina espresso rappresenta il *sancta santorum*. L'idea nasce dall'analisi di Marc Augé, che

---

[2] https://www.treccani.it/vocabolario/caffe/ consultato il 24 giugno 2024.

per primo iniziò ad indagare con uno sguardo molto particolare la contemporaneità, passando dai "non luoghi" ai *bistrot*. La ricerca, ampliata nel corso degli anni, è frutto di ricerche ed esperienze e, dopo sei anni ed una edizione completamente esaurita, è stato necessario aggiornarla alla luce anche delle ultime teorie filosofiche ed antropologiche. Non si poteva infatti non parlare dei mutamenti causati dalla pandemia di CoViD-19, argomento che personalmente ho studiato molto, e nemmeno di come il caffè sia entrato nelle discussioni e nelle polemiche, ad esempio sul suo aumento di prezzo. Se infatti, semanticamente, le *discussioni da caffè* sono questioni frivole e di poco conto, oziose, dall'altro sono proprio questi gli argomenti che polarizzano maggiormente il dibattito, anche sui *social* e sui *media*. Si pensi ai dibattiti ed alle vere e proprie prese di posizioni, anche polemiche, sul costo del caffè al banco, a cui dedico un capitolo a parte.

Diciamo che, in questi anni, complice anche la mia formazione professionale sulle tematiche del caffè legate anche all'aspetto edonistico della bevanda, il libro da un trattato "espresso" si è trasformato in un vero e proprio caffè americano. Ma, attenzione, il lavoro che si è fatto non è stato un semplice "allungare" le teorie aggiungendo bibliografia ed esempi, ma si è fatta una vera e propria riscrittura di moltissime parti, con alcuni capitoli completamente aggiunti.

L'avvicinamento al mondo del caffè può avvenire per diverse strade. Nel mio caso è stata quella antropologica, che poi mi ha portato a lavorare moltissimo sui vari aspetti anche gustativi della bevanda. Ad esempio presentando il libro in occasione del Milan Coffe Festival 2018 ed avendo modo di conoscere ed incontrare una serie di *guru* di questo mondo, quali ad esempio Andrej Godina o Chiara Bergonzi. Oppure ci si può avvicinare prendendo in considerazione l'aspetto sociale, con le tematiche dell'equo e solidale. Oppure avvicinarsi alla bevanda come ci si avvicina al vino, analizzandone gli aspetti gustativi ed organolettici, scegliendo il caffè più adatto per ogni momento della giornata, ipotizzando, come fa Godina[3], un percorso analogo a quello enologico: da sostanza psicotropa a basso prezzo è diventata dapprima cibo rituale e quindi, negli ultimi anni, matrice alimentare "nobile".

Senza uscir di metafora, il mio libro "espresso" si è trasformato in libro "caffè filtro": più lungo, sì, ma con un *bouquet* di fragranze (e suggestioni) molto più articolato e complesso.

L.C.

---

[3] Cfr Godina, Illiano, 2024.

Storia "espressa" del caffè

«*Questa preziosa bibita che diffonde per tutto il corpo un gioconda eccitamento, fu chiamata la bevanda intellettuale, l'amica dei letterati, degli scienziati e dei poeti perché, scuotendo i nervi, rischiara le idee, fa l'immaginazione più viva e più rapido il pensiero. [...] Il caffè esercita un'azione meno eccitante ne' luoghi umidi e paludosi ed è forse per questa ragione che i paesi ove se ne fa maggior consumo in Europa sono il Belgio e l'Olanda. In oriente dove si usa di ridurlo in polvere finissima e farlo all'antica per beverlo turbo, il bricco, nelle case private è sempre sul focolare. [...] preso poi la mattina a digiuno pare che la sbarazzi lo stomaco dai residui di una imperfetta digestione e lo predisponga a una colazione più appetitosa*»[4].

È con queste parole che **Pellegrino Artusi** descrive il caffè nella sua celeberrima opera gastronomica *La scienza in cucina e l'arte di mangiar bene*.

Ma che cosa è, in realtà, il caffè?

Tecnicamente si tratta di una bevanda ottenuta dai semi macinati di alcuni alberelli tropicali appartenenti al genere *Coffea*, famiglia *Rubiacee*. Attualmente è la bevanda più diffusa al mondo, dopo l'acqua, ed a livello di valore economico è la merce più scambiata dopo i prodotti petroliferi, con un valore di oltre 430 miliardi di dollari all'anno, dando lavoro a ben 120 milioni di persone in tutto il mondo[5].

Il termine entra nell'italiano attraverso il vocabolo turco *kahve*, a sua volta derivante dall'arabo *qahwah* (قهوة). Il termine sembra essere

---

[4] Artusi, 2012, pp. 417-420

[5] Cfr https://www.vinhood.com/magazine/curiosita-ed-educazione/caffe-una-questione-di-prezzo/ consultato il 24 giugno 2024.

legato alla *Kaaba*, la pietra sacra della Mecca, perché «*rende lucidi, dinamici e favorisce il controllo della ragione sulla passioni*»[6], mentre un'altra interpretazione etimologica la vede derivare dal verbo *qahā*, (قهــا), correlato alla mancanza di fame[7]. In italiano il termine non si limita a designare la pianta e la bevanda aromatica, ma il significato si è ampliato arrivando a diventare aggettivo con cui designare la gradazione di colore simile a quella dei chicchi di caffè tostato ed anche il locale pubblico dove si servono gli avventori (definizione come vedremo in uso soprattutto nel '700)[8].

Ad una analisi più profonda risulta evidente che sono molti gli aspetti che trascendono la semplice bevanda: il caffè, in sintesi, è un rito sociale, ed "*andare a prendere un caffè*" non vuol mai dire semplicemente andare a sorbire un infuso ottenuto con le bacche di questa pianta proveniente dall'Oriente. Se vogliamo questa frase significa

> «*"uscire" per installarsi in un altro spazio protetto, coniugando l'abitudine e l'istante, la permanenza ed il provvisorio, l'altrove e il qui*» ed il bar rappresenta «*il luogo privilegiato in cui sperimentare, vivere e ritrovare il rapporto*»[9].

Ma proseguiamo con ordine. I prodotti alimentari più importanti, spesso, sono connessi a leggende di fondazione. Si pensi ad esempio al

---

[6] Niola, 2023, p. 119.

[7] Cfr https://it.wikipedia.org/wiki/Caffè consultato il 18 giugno 2024.

[8] Cfr Vocabolario Treccani, https://www.treccani.it/vocabolario/caffe/ consultato il 15 luglio 2018.

[9] Augé, 2016, p. 52.

ricco *corpus* leggendario raccolto da Massimo Montanari[10]. Il caffè è importante proprio perché ha leggende di fondazione, diffuse nella zona di Yemen, Persia, Etiopia, Somalia ed Abissinia, che ne legittimano e miticizzano il consumo. Una prima leggenda, ad esempio, tratta da *Le mille e una notte*, racconta che il giovane **Kaldi,** pastore del VI o VII secolo, pascolasse le sue capre in Etiopia; un giorno gli animali incontrando una pianta di caffè cominciarono a mangiarne le bacche e a masticarne le foglie. Arrivata la notte, le capre, anziché dormire, si misero a vagabondare con energia e vivacità mai espressa fino ad allora. Vedendo questo, il pastore ne individuò la ragione e abbrustolì i semi della pianta come quelli mangiati dal suo gregge, poi li macinò e ne fece un'infusione, ottenendo il caffè. Un altra versione della leggenda racconta che il pastore avesse portato le bacche ad un monastero e che un monaco avesse iniziato a farne vari esperimenti per riuscire a capire da dove venisse questo vigore delle capre. Dopo vari esperimenti, che non lo condussero a nulla, il monaco gettò le rimanenti bacche nel fuoco. A quel punto sopraggiunsero tutti i monaci, allertati dall'ottimo odore delle bacche tostate. E da lì iniziò il processo di torrefazione. Questa leggenda presenta diverse varianti a seconda di dove è ambientata: in Yemen, ad esempio, fu un sacerdote musulmano, mentre in Arabia fu un pastorello ad accorgersi delle proprietà psicotrope del caffè. Secondo una tradizione africana furono il popolo dei Galla i primi a nutrirsi di barrette energetiche a base di burro e semi di *coffea* per rimanere svegli. Proprio loro scoprirono che per ottenre un cibo o una bevanda ottimale era

---

[10] Cfr Montanari, 1995; 2015.

necessario cuocere i semi. Questo grazie ad un incendio di piante selvatiche di caffè che diffuse nell'aria il suo fumo e profumo per chilometri di distanza[11].

Esiste una ulteriore leggenda che cita **Maometto**, il profeta dell'Islam, che, sentendosi male - probabilmente soffriva di narcolessia - , vide l'arcangelo Gabriele offrirgli una pozione nera creata da Allah, che gli permise di tornare in forze. Assaggiandolo il Profeta dell'Islam disse che il caffè risvegliava le sue energie e lo rendeva forte da poter disarcionare quaranta uomini e possedere quaranta donne[12]. Le proprietà del caffè fecero addirittura guarire gli abitanti di un villaggio colpito da un'epidemia, come racconta lo scrittore arabo **Abu sl-Tayyb al-Ghazzi**: i chicchi, appositamente abbrustoliti permisero a Re Salomone di guarire gli ammalati[13].

Il viaggio del **mullah Schadheli e del suo discepolo Omar** è invece una leggenda che riassume tutti gli stilemi fin qui visti: il caffè con proprietà energetiche, bevanda sacra, e capace di far guarire.

«Nella regione desertica di Ousab, Schadheli comprese che sarebbe morto presto e così disse al giovane compagno: "Quando ti apparirà un uomo con il velo obbedisci ai suoi comandi". Quella notte egli morì e Omar iniziò la velia del corpo. Uscito dalla grotta che li aveva ospitati, ebbe la visione di un lampo di luce che ben presto si delineò come un personaggio velato. Quando si scoprì il volto, Omar vi riconobbe il suo maestro che si trasformò in un gigante e con il piede fece sgorgare dell'acqua. "Riempi la tua ciotola da questa fonte, portala fino a Mocha mentre l'acqua ancora gorgoglia" disse a Omar il mullah.

---

[11] Cremonini, 2015, pp. 118-119.

[12] Cremonini, 2015, p. 118.

[13] Cremonini, 2015, p. 118.

Il discepolo si diresse quindi alla città portuale e per giorni e notti vegliò che l'acqua continuasse a ribollire.

Arrivato a Mocha per rispettare il volere del suo mullah Omar trovò la popolazione colpita da una terribile pestilenza. Si mise quindi a pregare e coloro che si rivolgevano a lui finirono per guarire. Questa sua capacità giunse alle orecchie del visir, che essendo consigliere del sultano lo fece ben presto andare alla sua corte. Il sultano aveva infatti una figlia malata e Omar fu convocato per aiutarla a guarire.

La fanciulla pareva morta, Omar la guarì e, conquistato dalla sua bellezza fece l'amore con lei.

Quando il sultano apprese ciò che era successo, comunque contento che la figlia fosse guarita, risparmiò la vita a Omar ma lo mandò in esilio nel deserto.

Di nuovo il discepolo si ritrovò a vivere in una grotta e, dopo mesi di stenti, un giorno per la disperazione urlò al suo maestro: "Perché mi hai mandato a fare questo viaggio senza senso?".

Come per rispondergli, in quel momento un piccolo uccello verde si posò su una pianta vicina. Omar si avvicinò per guardarla e vide che aveva piccole bacche rosse e fiori bianchi. Ne raccolse quindi i frutti e aprendoli decise poi di buttarne in pentola i semi e farli bollire. Ottenne così una bevanda aromatica e fortificante, l'odierno caffè[14].

La bevanda si diffuse inizialmente in Medio Oriente, dove troviamo, nel XV secolo, addirittura luoghi deputati al consumo di questa bevanda, con tanto di figura di "capo caffettiere", il *Kahvecibasi*, personaggio importante alla corte del Sultano.

Tra i personaggi legati al caffè c'è sicuramente l'avventuriero polacco **Georg Kolschitzy,** che nel 1683 riesce a evitare che l'esercito ottomano di Kara Mustafà si impossessi di Vienna. Come ricompensa chiese al difensore della città, il conte Starhemberg, le cinquecento libbre di "foraggio per cammelli" abbandonate dai turchi. In realtà si trattava di sacchi pieni di preziosissimo caffè, che Kolschitzy fece subito fruttare

---

[14] Cremonini, 2015, pp. 119-120.

aprendo la *Zur blauen flasche*, una bottega del caffè nella quale lo serve una bevanda aggiungendovi latte e miele, detta *mélange*: l'antenato del cappuccino. Per festeggiare la sconfitta ottomana l'avventuriero polacco decise di accompagnare la bevanda con dei panini dolci a forma di mezzaluna, simbolo del nemico, che vengono mangiati, simbolicamente, in un boccone[15]. Ecco nascere la tipica colazione europea - e soprattutto italiana - con cappuccino e *croissant*[16]!

Il medico e botanico **Leonhard Rauwolf** è il primo, nei suoi *Viaggi in Oriente*, a descrivere la bevanda scura ottenuta delle drupe del caffè, soffermandosi anche sulla ritualità della preparazione nelle popolazioni turche di Aleppo.

> *«Le bevono di mattina presto, anche in luoghi aperti, senza pudori verso chicchessia, in tazze di coccio o di porcellana. Ne prendono solo piccoli sorsi, facendo circolare il recipiente fra di loro, dato che appunto in circolo l'uno accanto all'altro siedono. Nell'acqua essi pongono una bacca che chiamano "bunnu" la quale, a parte la grandezza e il colore, è simile a quella dell'alloro, circondata da due sottili filetti. Si tratta di una bevanda molto comune e, come tale, venduta dallo speziale; le sue bacche si possono acquistare anche al bazar, dove ve ne è grande abbondanza»[17].*

È **Francis Bacon**, nel 1627, a fornirci la descrizione di questi luoghi, paragonati alle taverne europee, mentre la prima città italiana in cui fece uso di questa bevanda fu Venezia, a causa proprio della

---

[15] Semanticamente l'assimilazione del nemico tramite atti di cannibalismo (simbolico) rituale è molto forte e rappresentata una costante trasversale a molte culture. Cfr ad esempio Levi Strauss, 1966; Harris, 2006; Montanari, 2005; Niola, 2023.

[16] Noila, 2023, pp. 119-121.

[17] Cit. in Berardo, 2005, p. 15.

vicinanza e dei commerci con l'Oriente. Le prime botteghe di cui abbiamo notizie certe furono aperte nel 1645, ma si suppone fossero aperte già dal XVI secolo. Al suo arrivo in Europa il caffè venne dapprima considerato un medicinale, come riporta chiaramente una iscrizione inglese datata 1657:

> *«Una bevanda molto salutare, con numerose virtù eccellenti, chiude il buco nello stomaco, fortifica il calore interno, aiuta la digestione, accelera gli spiriti, vivacizza il cuore, cura gli occhi arrossati, la tosse, i raffreddori e i reumatismi, l'emaciazione, il mal di testa, l'idropisia, la gotta, lo scorbuto, la scrofola e molto altro»*[18].

Il prodotto venne dapprima osteggiato da parte della Chiesa cattolica, che si trovava a dover dare una legittimazione filosofica dei nuovi prodotti che si stavano diffondendo nel periodo, in parte arrivati dal Nuovo Mondo. Il discorso si soffermò in particolare su tabacco e caffè: papa **Clemente VIII** (1536-1605), lo stesso che mandò al rogo Giordano Bruno, fu il primo a pronunciarsi ufficialmente sul tema. Se da un lato stabilì la scomunica per chi venisse sorpreso a fumare all'interno dei luoghi sacri, dall'altro non condannò il consumo di caffè, nonostante i suoi consiglieri lo considerassero "bevanda del diavolo" a causa della sua popolarità nella cultura musulmana e mediorientale. Sul tema la tradizione gli attribuisce la seguente dichiarazione: *«Questa bevanda del diavolo è così buona... che dovremmo cercare di ingannarlo e battezzarlo»*[19], mentre in un'altra versione la definisce: *«così squisita che sarebbe un peccato lasciarla*

---

[18] Cit. in Berardo, 2005, pp. 9-10.

[19] Cit. in https://it.wikipedia.org/wiki/Papa_Clemente_VIII consultato il 13 giugno 2024.

bere esclusivamente agli infedeli»[20].

Secondo la leggenda avrebbe addirittura "battezzato" il caffè rendendolo, anche ritualmente, prodotto accettato dalla cultura cristiana. **Antoine Galland** ne loda la bontà, stuzzicandone la curiosità nei lettori, nel suo *De l'origine e du progrès du café*, datato 1699, inserendosi nel dibattito tra gesuiti e gianseniti ed opponendosi strenuamente a certe posizioni dogmatiche.

Esistono anche dei detrattori, che lanciano veri e propri anatemi contro la nera bevanda, diffusa tra arabi e Giannizzeri. **Francesco Redi**, medico, filosofo e poeta alla corte di Cosimo III, nel suo Bacco in Toscana del 1685 fa pronunciare al dio del vino le seguenti frasi:

> *«Berrei prima il veleno*
> *Che un bicchier che fosse pieno*
> *Dell'amaro e rio caffè:*
> *Colà tra gli Arabi*
> *E fra i Giannizzeri*
> *Liquor sì ostico,*
> *Sì nero e torbido*
> *Che gli schiavi ingollino…»*[21].

Tra i detrattori della bevanda **Simon Pauli**, medico tedesco, che nel 1635 racconta degli effetti negativi di caffè e cioccolata, che *«concorrono a causare effeminatezza ed impotenza»*, e pochi anni più tardi, nel 1647, un gruppo di donne londinesi prendono ufficialmente posizione contro la bevanda accusata di rendere gli uomini sterili, dissecare, indebolire e

---

[20] Cit. in https://it.wikipedia.org/wiki/Papa_Clemente_VIII consultato il 13 giugno 2024.

[21] Cit in Berardo, 2005, p. 12.

persino reprime gli impulsi sessuali[22]. D'altro canto furono proprio i puritani inglesi, prodromi dell'etica, a incensare le virtù del caffè come antidoto contro la sbornia di vino o di birra. Questa tematica venne ripresa tanto da Galland[23], quanto dagli avventori tedeschi che frequentavano, nel '700, il caffè Greco di Roma[24].

Tornando alla storia dell'uso del caffè, nel Seicento, in Europa, una libbra di caffè veniva pagata fino a 40 scudi, questo perché gravato da pesanti tasse, che ne destinavano il consumo ai soli aristocratici[25]. Ma l'aumento della richiesta portò ad una diminuzione dei prezzi e soprattutto ad una diffusione della bevanda: già nel 1663 a Londra si contavano ben 80 *coffehouse*, che una cinquantina di anni più tardi divennero tremila. Ed il primo caffè di Parigi, inaugurato nel 1689, venne aperto da un italiano, tal **Francesco Procopio**, di origini palermitane[26]. I primi caffè europei erano luoghi dove concludere affari, tanto è vero che, a Londra, nel 1687, apre la *Lloyd's coffee house*, che diviene punto di incontro per chi commerciava via mare. Gli affari vanno bene e, grazie anche al *Lloyd's news*, un vero e proprio notiziario sulle condizioni del mare, dal caffè nasce la più grande compagnia di assicurazioni

---

[22] Cfr Berardo, 2005, pp 10-15.

[23] Cfr Berardo, 2005, pp. 18-19: «*Amico, se giunge il sonno in mezzo ai bicchieri / a spargere i suoi papaveri, / e per un vino troppo fumoso ti confonde il cervello / prendi del caffè, questo succo divino, / per cacciare il sonno e i vapori del vino / saprà ridarti un vigore Novello*».

[24] Cfr Berardo, 2005, p. 19: «*Der Kaffee in dem Kafee Grec / den Katzenjammer jaget weg*», ovvero «*Il caffè del Caffè Greco / fa svanire prestamente i fumi della sbornia*».

[25] Cfr Malaguzzi, 2013, p. 36.

[26] Cfr Beccaria, 2017, p. 147

mondiali[27].

I caffè divennero subito luoghi culturali, di nascita e di diffusione di idee liberali, luogo di ritrovo per dotti, politici, filosofi ed artisti.

Nel Settecento ogni città europea aveva almeno un caffè, mentre negli Usa il primo caffè aprì a Boston: si tratta del *London coffee house*, aperto nel 1689, seguito nel 1696 dal *King's arms* di New York. A partire dal secolo dei Lumi, attraverso i caffè (intesi come luogo), circolano idee, e non solo prodotti esotici! Il loro successo fu travolgente, come il successo della bevanda, rivalutata come bevanda della Rivoluzione industriale e dell'etica imprenditoriale. Questo la rende la *boisson intellectuale* per eccellenza, tanto che molti personaggi della storia, intellettuali ed artisti, sono legati in qualche modo alla bevanda. Si narra, ad esempio, che Voltaire bevesse fino a cinque caffè al giorno, mentre **Honoré de Balzac** dedicava molto tempo alla scelta della miscela giusta, come precisato nel suo *Trattato sugli eccitanti moderni*. Nel suo saggio elogia le proprietà di questa bevanda che «*mette in movimento il sangue, ne fa sprizzare gli spiriti motori*», tanto che ne beveva fino a 50 tazze al giorno per trarre ispirazione:

> «*Il caffè giunge nello stomaco e tutto si mette in movimento: le idee avanzano come battaglioni di un grande esercito sul campo di battaglia; questa ha inizio. I ricordi arrivano a passo di carica come gli alfieri dello schieramento, la cavalleria leggera dei paragoni si fa avanti impetuosa con splendido galoppo. Ecco l'artiglieria della logica con carriaggi e cartucce. I pensieri geniali e subitanei si precipitano nella mischia come tiratori scelti*»[28].

---

[27] Niola, 2023, p. 120.

[28] Cit in Berardo, 2005, p. 8.

Uno degli aspetti forse più interessanti della disamina di Balzac è che pone il caffè in netta contrapposizione con le altre sostanze psicotrope analizzate, essendo l'unico che produce effetti positivi. Infatti l'ubriachezza *«getta un velo sulla vita reale, spegne la coscienza delle pene e dei dispiaceri, permette di deporre il fardello del pensiero»*, il tè *«guasta la donna tanto nel morale quanto nel fisico»*, il tabacco rende il fumatore «quasi inebetito», apatico, insensibile ai «movimenti dell'amore», mentre il caffè, soprattutto se assunto a digiuno, produce una sorta di «vivacità nervosa» caratteriale e intellettuale[29].

Napoleone, per poter discutere con i turchi, si racconta avesse sempre sul fuoco sette bricchi di caffè, perché la bevanda, in quantità abbondante, *«risveglia lo spirito, dà vigore, una forza eccezionale e una ferma volontà di agire»*[30].

La bevanda arriva addirittura a condizionare la sfera morale degli uomini, riportando la sobrietà, sostituendo il vino nel far aumentare la sincerità e la chiarezza, e sottraendo la gioventù all'inferno costituito da botti e prostitute, come sostiene il filosofo francese **Jules Michelet**[31].

A fine Settecento **Benjamin Franklin** loda le potenzialità psicotrope della caffeina perché, tenendo svegli i lavoratori, permette l'allungamento del tempo operativo e la produttività. Questa concezione ha delle influenze pratiche anche nella contemporaneità: è questo il motivo per cui negli uffici americani il caffè è sempre gratuitamente a

---

[29] Cit in Stupazzoni, 2010.

[30] Cit in Berardo, 2005, p. 8.

[31] Cfr Berardo,, 2005, pp. 8-12 e Niola, 2023, pp. 119-121.

disposizione dei lavoratori[32]. Una considerazione che permane ancora oggi, tanto è vero che il giornalista e storico contemporaneo **Wolfgang Schivelbusch** la definisce la bevanda *«dell'efficienza, produttività, operatività borghese»*, tendenzialmente maschile e contrapposta alla cioccolata, riservata ad un pubblico femminile[33].

Il caffè fu spesso oggetto e protagonista di vari dibattiti, creando una vera e propria dicotomia con la cioccolata, quest'ultima legata al mondo della nobiltà. Da un lato, infatti troviamo i consumatori di caffè, dediti all'etica del lavoro ed al controllo di sé e delle proprie passioni, rappresentazione ideale della classe borghese; dall'altro la cioccolata (ed il vino), eponimi dell'aristocrazia cattolica, senza impegni di lavoro, che possono concedersi i tempi lenti di preparazione e degustazione. La dicotomia diventa ancora più interessante quando si parla di fisicità: nell'*ancien régime* il corpo grasso era considerato sano, pertanto il caffè, che rende attivi e non nutre, diviene sinonimo di secchezza.

Come sostiene Marino Niola:

> *«Il caffè, durante l'Illuminismo e la definitiva affermazione della borghesia, diventa l'emblema di un nuovo modo di vivere, di una nuova classe e di una nuova concezione dell'uomo e del suo corpo. Un corpo leggero, scattante, nervoso: insomma un corpo moderno»*[34].

Nel 1776 **Metastasio**, in una lettera indirizzata a Saverio Maffei, descrive la bottega del caffè come il luogo dove viene servita *«la più*

---

[32] Cfr Niola, 2023, pp. 119-121.

[33] Cit in Berardo, 2005, p. 11.

[34] Niola, 2023, p. 121.

deliziosa bevanda di quasi tutti i viventi»[35]. E non è un caso che questo nome sia stato utilizzato per indicare un periodico culturale molto importante, *Il caffè* appunto. Una bevanda che, come descritto anche da Artusi, riesce a rallegrare l'animo, a risvegliare chiunque lo provi, accelerando il moto ed infondendo nel sangue *"un sal volatile"*[36]:

> «*calda come l'inferno / nera come il diavolo / pura come un angelo / dolce come l'amore*», «*fortifica lo stomaco ed il cervello, sollecita la digestione, leva il dolor di testa, rarefà il sangue, abbassa i vapori, reca allegrezza, impedisce di dormire dopo il pasto*»[37].

In una parola un vero e proprio stimolante per il corpo e per lo spirito! Anche **Pietro Verri**, nella pagine della rivista *Il caffè*, ne sottolinea le peculiarità nella società settecentesca, consigliandola a quelle persone che coltivano le scienze perché rallegra l'animo e risveglia la mente[38].

Il compositore **Johann Sebastian Bach**, tra il 1732 ed il 1734, compose addirittura la *Schweigt stille, plauder nicht* (letteralmente "Fate silenzio, non chiacchierate"), conosciuta come *La cantata del caffè*. L'opera, su libretto di Picander, venne composta per essere eseguita presso il *Café Zimmermann* dal *Colleium musicum lipsiense*: in apertura il narratore presenta il signor Schlendrian intento a lamentarsi della figlia Lieschen, a cui chiede di smettere di bere caffè. Questa rifiuta, affermando che il caffè è

---

[35] Cit in Beccaria, 2017, p. 146

[36] Le definizioni sono tratte dal primo numero de *Il caffè*, riportate in Beccaria, 2017, p. 147

[37] Cit in Gibelli, 2004, pp. 172-173

[38] Cfr Berardo, 2005, p. 10.

«più dolce di un migliaio di baci», provocando così una ulteriore razione del padre che le proibisce passeggiate ed abiti alla moda. L'unica minaccia paterna che allontana Lieschen dalla nera bevanda è quella di non permetterle di sposarsi, mettendola quindi in una posizione sociale molto scomoda e non accettata. La conclusione, aggiunta da Bach, si potrebbe definire "goldoniana": la giovane fa segretamente pubblicare che accetterà come marito chi, tramite regolare contratto, le permetterà di bere il caffè ogni volta che vuole. L'aria conclusiva, *Die Katze lässt das Mausen nicht,* spiega apertamente che *«proprio come un gatto non smette mai di prendere un topo, le ragazze non smetteranno mai di bere il caffè»*[39].

Una bevanda, il caffè, caratterizzata, almeno negli intellettuali, da un aspetto edonistico: **Gustave Flaubert** nel suo *Dizionario delle idee correnti* si concentra, ad esempio, sul lato estetico del suo consumo, dimostrando un interesse molto moderno per la sua provenienza:

> *«Caffè: è buono solo se viene da Le Harve. Il migliore è una miscela di Martinica e Bourbon. Fa diventare spiritosi. In un pranzo elegante, bisogna prenderlo in piedi. Berlo senza zucchero: molto chic, e dà l'aria di aver vissuto in Oriente»*[40].

Anche il gastronomo Pellegrino Artusi suggeriva una ricetta con una miscela ben precisa di caffè di diverse origini:

> *«A me sembra di ottenere una bibita graditissima con gr. 250 di Portorico, 100 di San Domingo e 150 di Moka. Anche gr. 300 di Portorico con 200 di Moka danno un ottimo risultato»*[41].

---

[39] Cfr https://it.wikipedia.org/wiki/Schweigt_stille,_plaudert_nicht consultato il 12 giugno 2024.

[40] Cit in Berardo, 2005, p. 19.

[41] Cit in Fassino, 2020, p. 171.

Non è così interessato alla provenienza della materia prima lo scrittore viennese **Friedrich Thorber**, che nel 1929 scrive:

«Caro, caldo, buon caffè nero,
sia moca, turco o serbo vero
o Dio sa cosa d'altro esser può
gentiluomo casalingo o no;
quando ti vedo davanti a me,
sei solo il buon fumante caffè»[42].

I primi luoghi dove si diffuse il consumo di caffè furono le botteghe di Costantinopoli, che vennero soprannominate *Scuole di sapienza* perché il consumo di caffè, definito anche «*latte dei giocatori di scacchi e dei pensatori*», serviva a tener desta l'attenzione. Per questo il suo consumo era molto diffuso tra mercanti e uomini di scienza, che diventeranno i principali consumatori della bevanda[43].

Con il passare del tempo i bar sono diventati dei luoghi confortevoli, lussuosi, con specchi, arredi, cristalli, vero e proprio punto di ritrovo per letterati e gente di spettacolo, in cui giocare a carte, a dama, a scacchi o discutere beatamente di filosofia e politica. A Torino, ad esempio, i giacobini si ritrovavano nella *Taverna della Giamaica*, o al *Caffè 'd Catlina*, o al *Marsiglia*. Il caffè, inteso sia come bevanda che come luogo di incontro, era diventato simbolo di intellettuali e riformisti, coinvolgendo illuministi, risorgimentali, futuristi, avanguardie. **George Steiner**, saggista francese e docente di letteratura comparata a *Princeton*, non esita ad affermare che l'unità europea si è formata anche nei caffè

---

[42] Cit in Berardo, 2005, pp 19-20.

[43] Niola, 2023, pp. 118-121.

metropolitani, luoghi cosmopoliti, di incontro, di discussione e di cultura[44]. Tra i caffè storici più importanti italiani possiamo ricordare il Florian ed il Quadri a Venezia, il Michelangelo ed il Gilli a Firenze, il Pedrocchi a Padova, il San Carlo ed il Bicerin a Torino.

Florian, per esempio, nacque con il nome *Alla Venezia trionfante* ed è il più antico caffè nella storia ad aver mantenuto le sue caratteristiche per più di tre secoli. Tra le caratteristiche le sale, completamente restaurate a metà Ottocento, in cui traspare la storia di Venezia, dalla caduta della Serenissima sino alla cura dei feriti durante i moti del 1848, sino alle due guerre mondiali. La clientela fu fin da subito composta da personaggi illustri, tra nobiluomini veneziani, mercanti, ambasciatori, letterati ed artisti, che trovavano posto accanto a comuni cittadini. Le sale, all'inizio, erano prive di vetrate, ed erano solamente due, che, verso la metà del Settecento, raddoppiarono. Un secolo dopo i proprietari, la famiglia Francesconi, vendette il locale a Vincenzo Porta, Giovanni Pardelli e Pietro Baccanello che, nel 1858, affidarono la ristrutturazione del locale a Ludovico Cadorim, dell'Accademia delle Belle Arti. Attualmente il caffè vanta sei sale: quella del Senato, decorata da Giacomo Casa, la sala cinese e quella orientale, dipinte da Antonio Pascuti, quella degli Uomini illustri, con opere di Giulio Carlini, la Sala delle stagioni, decorata da Cesare Rota ed infine la Sala Liberty, caratterizzata da un ampio soffitto a volta.

A Torino, nel 1763, apre il **caffè Bicerin**, di fronte all'ingresso del Santuario della Consolata. Il locale, aperto da Giuseppe Dentis, era

---

[44] cfr Beccaria, 2017, p. 148.

molto semplice, con tavole e panche di legno: nel 1856 il locale venne completamente riprogettato dall'architetto Carlo Promis, che abbellirà le pareti con *boiseries* di legno decorate da specchi, introducendo i classici tavolini di legno e marmo.

Il **caffè Pedrocchi**, invece, situato a Padova davanti all'Università, è un luogo fondamentale anche per la storia italiana: qui, l'8 febbraio 1848, ebbero inizio i moti risorgimentali grazie al fermento di uno studente che protestava proprio nel locale - che a quel tempo era aperto ininterrottamente tanto da essere definito *"il caffè senza porte"*. La tradizione del caffè come circolo borghese e punto di incontro aperto - in antitesi ai salotti nobili, circoli culturali fortemente chiusi -, divenne evidente proprio nel caffè Pedrocchi, il cui successo è da attribuire anche alla presenza a Padova di oltre tremila persone tra studenti, commercianti e militari. Il caffè nacque nel 1722 quando Francesco Pedrocchi, di origini bergamasche, aprì una bottega del caffè poco distante da Palazzo Bo, sede dell'Università, dal Municipio e dalla centrale piazza Noli, da cui partivano le diligenze per le città vicine. Nell'800 l'attività passa al figlio Antonio, che amplia il locale acquistando l'intero isolato; nel 1826 decide di costruire un vero e proprio stabilimento per occuparsi della filiera del caffè, in particolare della torrefazione, della conserva del ghiaccio e della mescita di bevande, su progetto dell'architetto (nonché frequentatore del locale) Giuseppe Japparelli. Questi volle superare le difficoltà progettuali della pianta irregolare, basandosi su un impianto neoclassico, trasferendo la sua visione laica ed illuminista. Nel 1839 venne ulteriormente ampliato con un corpo neogotico denominato *Pedrocchino*, che ospitava l'offelleria, mentre nel 1842 vennero inaugurate, in occasione del *IV Congresso degli scienziati italiani*, le sale del piano superiore destinate agli incontri, decorate per creare un vero e proprio viaggio "antropologico" nella civiltà dell'uomo. Alla morte di Antonio Pedrocchi, nel 1852, la gestione del locale passò prima a Domenico Cappellato e poi, alla morte di quest'ultimo, al Comune di Padova, nel 1891. La Grande Guerra portò il locale ad un periodo di decadenza, con la sparizione in epoca fascista di diversi arredi ed una serie di restauri conclusisi nel 1998. Secondo la leggenda Giacomo Casanova, appena scappato dal carcere dei Piombi, si fermò proprio in questo caffè per gustarsene una tazza, rischiando di essere catturato nuovamente.

A Firenze, invece, si trova il **Caffè Michelangelo**, luogo di discussioni artistiche e politiche dell'Italia postunitaria. Ai tavolini del Michelangelo dapprima si ritrovarono artisti in rivolta con l'*Accademia di San Marco*, fondando il movimento dei Macchiaioli, per poi accogliere, alla chiusura del *Caffè Le giubbe rosse*, numerosi letterati come Papini. Attualmente il caffè è diventato sede del Museo Leonardo da Vinci, ma rimane un luogo di memoria storica ed artistica proponendo mostre ed esposizioni.

Anche oggi l'usanza dei **caffè filosofici** o letterari è tornata in auge, grazie soprattutto all'idea del filosofo francese Marc Sautet di portare le discussioni luoghi non convenzionali, trasformandoli in luoghi di libero scambio di idee ed opinioni, seguendo l'esempio tedesco di Gerd B. Achenbach. L'odierno dibattito nel caffè filosofico ha una struttura ben precisa: scelto il tema (che può variare dalla morte alla libertà, dal matrimonio al contorto significato delle parole, dallo spirito del tempo al ridere in un mondo triste), il moderatore avvia la discussione e lo gestisce, spostandolo su diversi fronti. *Conditio sine qua non* quella di fare interventi brevi, di massimo 3 minuti, ben argomentati, rispettando il proprio turno e le opinioni altrui. Sautet, nel suo saggio Socrate al caffè, mette subito in chiaro che la vocazione del filosofo è quella di andare per strada, mescolandosi alla vita della gente, passeggiando nella piazza del mercato, tra la folla di venditori ed imbonitori, interrogando gli uni e gli altri e discutendo. E non a caso trova nel caffè - e come vedremo in Augè nel *bistrot* - uno dei luoghi più importanti. Socrate, il filosofo peripatetico per eccellenza, entra simbolicamente nei caffè per mettere in discussione tutto, senza remore, dagli argomenti più "culturalmente alti" a quelli più prosaici, senza pregiudizi. D'altra parte questo approccio, come viene ben evidenziato in Augè, è tipico nella dialettica del bar/caffè: sono luoghi dalla forte valenza sociale, dove gli individui vanno a mettere in pratica le corrette interazioni sociali, dei palchi dove recitare la propria parte. L'influsso di Sautet fu talmente importante che, nonostante la sua prematura scomparsa nel 1998, i caffè filosofici si sono diffusi capillarmente: nella sola Francia ce ne sono oltre 180, a cui se ne aggiungono un'ottantina in vari paesi del mondo. A tenere le redini dell'iniziativa vi è l'associazione Philos[45].

La bevanda è sempre stata correlata ad una lunga serie di dicerie sui suoi effetti psicotropi, in un dibattito che non si è certo esaurito con l'Illuminismo, ma che anzi è proseguito nell'Ottocento e che anzi prosegue ancora oggi. Da una parte nel secolo del Romanticismo ci sono

---

[45] Cfr https://it.wikipedia.org/wiki/Caffè_filosofico

le persone che lo vedono come sublime ispiratore del pensiero e dall'altra come

> *«un pericoloso stimolante dell'encefalo, un fabbricante di isterismi, un provocatore di certe tendenze contro il sesto precetto del Decalogo; insomma un diavolaccio bello e buono a cui l'uomo prudente dovrebbe esclamare "Vade retro, Satana"»[46].*

Dopo un periodo in cui si accusava di causare tachicardia e di far innalzare la pressione, oggigiorno il caffè è stato promosso a vero e proprio toccasana per il cuore, grazie ad un recente studio dell'Università di Bologna e dell'IRCCS Policlinico Sant'Orsola dal titolo *Self reported coffee consuption and Central peripheral blood pressure in the cohort of the Brisighella heart study*, pubblicato sulla rivista scientifica Nutriest[47].

Concludiamo infine questa rassegna con un'opera artistica tipicamente Settecentesca, la **Lezione di geografia** di **Piero Longhi**, conservata a Venezia, presso la pinacoteca *Querini Stampalia*. L'opera raffigura una dama, di cui ci è ignota l'identità, intenta a misurare il globo terrestre, insieme a due uomini. Sul fondo della scena appaiono due cameriere intente a servire proprio delle tazze di caffè, l'alimento che, come abbiamo avuto modo di vedere,

> *«fu scelto dai "philosophes" illuministi come simbolo del risveglio dello spirito critico dal torpore dell'oscurantismo»[48].*

---

[46] Berardo, 2005, p. 30.

[47] Lo studio si può facilmente trovare sul web, ad esempio su https://mdpi-res.com/d_attachment/nutrients/nutrients-15-00312/article_deploy/nutrients-15-00312.pdf?version=1673170580

[48] Malaguzzi, 2013, p. 36.

L'opera rappresenta un cambio di rotta dell'Illuminismo: la protagonista non è intenta ad attività "femminili", bensì a studiare - l'unica attività in grado di liberare l'essere umano dall'ignoranza e dai pregiudizi tipici dei regimi assolutisti -, attività di cui il caffè è un naturale corroborante[49].

[49] Cfr Malaguzzi, 2013, pp. 36-39.

Una bevanda, infinite tipologie

Il caffè è probabilmente una delle preparazioni che presenta maggiori variabilità, soprattutto in Italia. Non per niente esiste un breve video di Bruno Bozzetto che evidenzia le differenze tra Europa (e se vogliamo resto del mondo), dove quando si ordina "un caffè" si intende un unico prodotto, e l'Italia, dove esistono infinite variazioni sul tema[50].

Sulla pagina di *Wikipedia* ne sono elencate ben 34 varietà e tipologie: alcune volte cambia il contenitore (il caffè al vetro viene servito in bicchierino di vetro, a differenza di quello servito comunemente in tazzina di porcellana, o citiamo il caffè alla Valdostana servito in una grolla), altre la quantità (ristretto, lungo), altre volte si specificano gli altri ingredienti di aggiungere (macchiato o schiumato a seconda della quantità di latte che a sua volta può essere caldo o freddo, all'americana ovvero con aggiunta di acqua, o il liquore che corregge la bevanda)…

Non mancano le varianti del caffè: pensiamo ad esempio al periodo fascista italiano, in cui l'autarchia impediva l'importazione di questo prodotto. Come spiegato da Gibelli, negli anni '30, ma anche più tardi, si ricorreva ai più svariati vegetali per sostituire la *"coffea arabica"*. Oltre alla cicoria, che forse è il surrogato più noto, si utilizzavano agrifoglio, attaccamano, dente di leone, faggio, farnia, giglio giallo, ginestra dei carbonai, gramigna nostrana, grano, lupino, mandorlo,

---

[50] Il video si può vedere a questo link: https://www.youtube.com/watch?v=3--sqed82cY

ninfea gialla, noce, orzo, pungitopo, quercia, radicchiella, scorzanera e persino segale e semi d'uva[51].

Il consumo di caffè su scala globale è di 2,6 miliardi di tazze al giorno (ovvero oltre un milione di milioni all'anno) e circa la metà degli abitanti dell'intero pianeta beve caffè. Un consumo che aumenta con l'aumento del benessere economico: «*quando in una famiglia aumenta il reddito, una piccola parte viene destinata a comprare un caffè migliore*»[52].

La dimensione globale di questo fenomeno non può che far emergere le differenze locali: se in Europa viene consumato principalmente in tazza piccola, spesso con un'alta percentuale di caffè rispetto all'acqua, dando vita ad un caffè corto e nero che "si gusta", quello americano viene servito in capienti tazze ed è meno concentrato (tanto è vero che questo "si beve"), sino ad arrivare alla via di mezzo del vicino Oriente e Nordafrica con un caffè meno forte di quello europeo servito in bicchieri di vetro. Il caffè è

> *«un'esperienza sensoriale, un momento di piacere e benessere che permette di viaggiare con la memoria e la fantasia, ma è anche una bevanda usata da molti per finalità concrete come svegliarsi la mattina o aiutare la concentrazione durante lunghe sere di studio o di lavoro»*[53].

Anche il prezzo di questa bevanda è molto variabile: si passa infatti dal prezzo medio di 0,90€ di Lisbona a circa 1,20€ dell'Italia, sino ai 4,5€

---

[51] Gibelli, 2004, pp. 168-169.

[52] Mauri, 2015, p. 236

[53] Mauri, 2015, p. 236

a tazza in Norvegia, il più caro al mondo[54]. Nel mondo il consumo di questa bevanda è di circa 4,4 kg pro capite annui, con punte di 11,4 kg di Finlandia e 2,37 di Portogallo: 4,2 kg negli Usa, 7,6 kg in Germania, con un dato medio di 5,2 kg nell'area Ue. In Italia il consumo è di 6 kg procapite, con punte al Sud (dove il 25% lo prende al bar) ed al Nord Ovest (dove la percentuale sale al 33%).

La sua produzione avviene in una fascia molto limitata del pianeta, a ridosso dell'Equatore, in particolari condizioni di temperatura ed umidità. Il maggiore produttore di caffè è il Brasile (35%), seguito dal Vietnam (19%). L'importanza di questo prodotto, che rappresenta gran parte del Pil dei paesi esportatori, è tale che il suo prezzo viene anche quotato nelle borse di New York (dove si quota l'Arabica) e di Londra (dove viene quotata la Robusta).

> *«Solo attraverso un controllo rigoroso della qualità in tutte le sue fasi, dalla pianta alla tazzina di caffè che beviamo a casa o al bar, è possibile assicurare a tutti coloro che bevono il caffè un'esperienza unica, memorabile e sostenibile nel tempo»[55].*

Esiste persino un santo patrono dei gestori e dei proprietari dei caffè e *coffeehouse*: **san Drogo di Sebourg**. Conosciuto anche come Drogone, nacque nelle Fiandre e morì nel 1186 a Sebourg, in Francia, il 16 aprile (data in cui è stato canonizzato). Il padre morì prima della sua nascita, mentre la madre spirò subito dopo averlo dato alla luce, cosa che gli causò non pochi sensi di colpa, tanto che il santo, una volta

---

[54] I prezzi sono riferiti, naturalmente, a caffè "standard", quindi non afferenti al mondo dello *specialty*, né a particolari monorigine o caffè molto ricercati come il *kopi luwak*, il cui prezzo si aggira intorno ai 6-10€ a tazza.

[55] Mauri, 2015, p. 237

maggiorenne, iniziò una serie di pellegrinaggi penitenziali con cui superò le difficoltà. San Drogo fu un pastore ed un eremita nella zona di Sebourg, vicino a Valenciennes nella Francia nord-orientale. Si racconta che possedesse il dono dell'ubiquità, e forse proprio per questo e per il suo essere instancabile, dedito al lavoro nei campi ed a quello della liturgia, venne associato al caffè: solo una persona con un alto grado di resistenza – e se vogliamo anche di caffeina nel sangue – avrebbe potuto padroneggiare così bene una vita così attiva. Pare che san Drogone fu visto servire messa mentre stava portando le capre al pascolo, tanto da far nascere il detto popolare «*Non essendo san Drogone, non posso essere in due posti contemporaneamente*».

Ben presto riprese il suo peregrinare, facendo ben nove viaggi devozionali a Roma, quando fu colpito da una grave ernia che lo costrinse all'immobilità. Gli venne costruita una cella di fianco alla chiesa di Sebourg, con una finestrella che gli permetteva di partecipare alla messa. Secondo la sua *Vita*, datata 1320, visse altri quarant'anni tra atroci sofferenze, cibandosi di pane e acqua. Una volta, verificatosi un incendio che distrusse gran parte della chiesa e della sua cella, Drogone fu ritrovato illeso ed inginocchiato tra le ceneri[56]. Semanticamente ebbe la stessa sorte di un chicco di caffè sottoposto a tostatura!

Morì nel 1189 ed il suo culto si diffuse subito nelle aree vicine, tanto che la sua tomba divenne meta di pellegrinaggi, diventando patrono di pastori e dei pascoli, invocato anche contro l'ernia, la nefrite e le coliche renali. Il suo culto di protettore del caffè, però, non è così

---

[56] Cfr ad esempio https://unapennaspuntata.com/2023/04/13/deprimente-storia-san-drogo/ consultato il 25 giugno 2024.

diffuso in Italia, tanto è vero che neppure Cattabiani non ne riporta notizie su questa particolare devozione[57]. Le prime notizie di questo particolare patronato le troviamo in torno al 1860, su un mezzo di informazione belga[58]. A dare un spiegazione ed un interessante inquadramento dell'evoluzione di questo culto è Timothy Bruno[59]: le prime prove documentate che correlano il santo con il caffè si trovano in un almanacco belga del 1860. Si tratta di alcune caffetterie della zona di Sebourg che lo hanno eletto come loro protettore, senza però spiegarne la motivazione, se non la vicinanza geografica. Forse il collegamento è dato dalla coltivazione di cicoria diffusa nell'area ed utilizzata come surrogato o semplice additivo al caffè, specialmente tra il XVIII ed il XIX secolo. O, ancora più probabile, con l'orzo. Secondo la sua agiografia, infatti san Drogo si nutrì, negli ultimi anni della sua vita, di pane (d'orzo) ed acqua calda, due prodotti che richiamano un altro celebre sostituto o surrogato della nera bevanda: il cosiddetto caffè d'orzo.

---

[57] Invece il sito *Santi e beati* negli ultimi anni ne ha aggiunto la pagina, reperibile al *link* https://www.santiebeati.it/dettaglio/92331 consultato il 25 giugno 2024.

[58] Cfr http://www.italmoka.com/2021/11/01/il-caffe-ha-un-santo-patrono.html

[59] Cfr Bruno, 2021.

Il caffè italiano, un panorama di ricette regionali

Esiste una interessante e fortunata infografica, riportata ad esempio dal sito *Apetimemagazine* e poi diffusasi in numerosi altri *link*, che dimostra che il caffè, in Italia, è tutto fuorché un qualcosa di "standardizzato". La estrema varietà della cucina italiana, che spazia tra polenta e pasta, tra riso e pesce, tra insaccati e conserve varie, si dimostra anche nell'ambito di questa bevanda, tanto è vero che esistono ben 40 diversi "tipi" di caffè.

Pensiamo anche solo all'espresso, la bevanda nazionale che ha caratteristiche diverse tra Nord, dove si preferiscono caffè a tostatura meno scura e miscele dove prevale l'arabica, e Sud, dove il caffè napoletano è il classico esempio di una miscela prevalentemente robusta a tostatura scurissima[60].

Partiamo storicamente da un aspetto molto importante: i primi cenni della bevanda, in Italia, risalgono addirittura al **X secolo**, quando nel *Regimen sanitatis salernitanu* troviamo la frase *«Praeludant offae, precludant coffe»*, ovvero *«si comincia con le focacce, si conclude con il caffè»*; nel 1592 Prospero Alpino fornisce una descrizione scientifica della pianta nel suo *De plantis Aegypti liber[61]*.

Iniziamo dalla versione "simbolo" dell'identità culinaria italiana: il

---

[60] Per chi non conoscesse le differenze tra le due tostature si rimanda al glossario in appendice.

[61] Cfr Berardo, 2005, pp.18-25.

caffè espresso, che ci presenta già in tre versione a seconda della quantità di bevanda, ovverosia **espresso** (intorno ai 7-9g di polvere di caffè per 30ml di bevanda), **ristretto** (stessa quantità di caffè in 15ml di bevanda finale) e **lungo** (analoga polvere di caffè ma bevanda intorno ai 45ml). Raddoppiando la quantità di polvere di caffè e la quantità di acqua si ottiene il caffè **doppio**, servito solitamente in tazza da cappuccino. Le tre varianti possono anche essere fatte in versione **decaffeinata**, cioè con un ridottissimo tenore di caffeina.

Chi non gradisce la caffeina ricorre anche a vari surrogati quali il **caffè al ginseng** (in realtà un prodotto a base di crema di latte in polvere, caffè solubile, zucchero ed aromi) o il **caffè d'orzo**, nato quando il caffè era troppo costoso e raro per essere consumato tutti i giorni e servivano quindi dei surrogati. Durante la seconda guerra mondiale nasce anche il **caffè americano**: i soldati statunitensi, recandosi nei bar napoletani per prendere un caffè, lo trovavano troppo corposo e forte e se lo facevano allungare con acqua. Da qui l'usanza, ancora oggi presente, di allungare un espresso in tazza grande con acqua calda. La ricetta ha dato però luogo ad una serie di fraintendimenti ed equivoci: negli Stati Uniti, infatti, il caffè tradizionale è una percolazione e non un espresso allungato con acqua, con una grande aromaticità ma anche una grande quantità di caffeina.

Il **cappuccino** è invece una bevanda che nasce nel XVII-XVIII secolo nell'Impero Austroungarico[62], composta da caffè espresso e latte montato a vapore, con o senza polvere di cacao a completare la bevanda.

---

[62] Cfr *infra*, p. 12.

Solitamente prevede 125 ml di latte e 25 ml di caffè. Cambiando questa proporzione si ottiene il **caffè schiumato o macchiato caldo** (la sua versione **macchiato freddo** prevede l'aggiunta di latte freddo solitamente servito a parte), il **latte macchiato** o il **caffè latte** (che a differenza dei precedenti è preparato mescolando latte caldo e caffè). Il **macchiatone** rappresenta invece una via di mezzo tra il cappuccino ed il latte macchiato, mentre il ***flat white*** prevede un espresso con solo schiuma di latte a coprire, e non, come nel cappuccino classico, anche il latte caldo. In inglese, grazie anche al successo di *Starbucks*, il termine "*latte*" è entrato nel gergo ad indicare il *caffè latte*, fatto con una eguale porzione di acqua e di latte schiumato[63].

Il **marocchino**, simile ad uno schiumato, viene servito in bicchiere di vetro con alla base una spruzzata di cacao. Venne inventato nel 1929 nella caffetteria Carpano di Alessandria, antistante un negozio di cappelli. Secondo la leggenda il nome deriverebbe proprio dal colore della striscia di cuoio che correva all'interno del cappello, detta appunto marocchino.

Varianti del marocchino possono essere considerati l'**espressino**, con crema di latte, caffè ristretto e cacao servito in bicchiere di vetro, o il **mocaccino**, che unisce cioccolato e panna montata.

Oltre al latte all'espresso si possono aggiungere altri ingredienti: ecco così nascere e diffondersi il **caffè con panna, caffè con Nutella (o nutellino), con cannella, corretto** (con alcolici vari, prevalentemente grappa, sambuca, al sud anisetta, *brandy*, *cognac* o altri

---

[63] Cfr Furiassi, 2012, p. 773.

superalcolici).

Per gli amanti del caffè freddo ne esistono varie versioni: dal **caffè shakerato**, servito in una coppa Martini e mescolato con ghiaccio e zucchero, a quello estratto a freddo (***cold brew***), sino a quello **in ghiaccio**, servito in bicchiere di vetro e diffuso al Sud Italia, mentre l'accostamento tra caffè caldo e gelato, preferibilmente alla crema, dà origine all'**affogato**. Negli ultimi anni si sta diffondendo un preparato a base di sorbetto di caffè, già dolce, la cosiddetta **crema caffè**. A base di ghiaccio e caffè è anche la **granita al caffè**, solitamente accompagnata da *brioche*, simbolo della colazione siciliana, diffusa soprattutto a Messina.

Ci sono anche ricette a base di caffè tipicamente regionali. Ad esempio il **bicerin torinese**, nato nell'omonimo locale della capitale sabauda. Si tratta dell'evoluzione della settecentesca *bavareisa*, a base di cioccolato, caffè, latte e sciroppo. Nell'Ottocento ne esistevano tre varianti: *pur e fiur*, una sorta di cappuccino moderno, *pur e barba*, con caffè e cioccolato, ed infine la *'n poc 'd tutt*, un po' di tutto, che ben presto divenne lo standard.

Spostandosi più a nord troviamo il **caffè valdostano**, che viene bevuto convivialmente con la *grolla*, o coppa dell'amicizia. Al caffè si aggiungono zucchero, liquore e scorzette di limone ed arancia. Si fa cuocere sul fuoco, tipo caffè del pentolino diffuso in tutto l'arco alpino, e, una volta raffreddato, si beve a torno dai vari beccucci.

A Padova si beve il **caffè Pedrocchi**, inventato nello storico locale. Si tratta di un espresso servito in tazza grande con una emulsione di panna e menta, completato con una spolverata di cacao, mentre il **caffè leccese,** tipico del Salento, è una bevanda con caffè, ghiaccio e latte di mandorla al posto dello zucchero per addolcire. Sempre a base di mandorla è l'**ammantecato** siciliano, mentre quello **calabrese** è un felice connubio con la liquirizia pura pestata unita con *brandy* e zucchero e fatta *flambare* prima di aggiungere il caffè.

A Fano si può trovare la **moretta fanese**, a base di anice, *rum* e *cognac* a cui si aggiunge una scorza di limone privata della parte bianca ed un caffè.

A Livorno, da secoli, si prepara il ***punch* livornese** allungandolo con il caffè invece che con l'acqua: si scalda il *rum* con la lancia vapore della macchina espresso e poi si aggiunge un espresso.

Ultime due preparazioni particolarmente diffuse e che fanno parte della cultura del caffè italiana sono l'***Irish coffee*** e l'**Espresso Martini.**

Nel primo caso si tratta di una preparazione calda a base di *whiskey* irlandese, zucchero, caffè e panna leggermente montata che deve rimanere in superficie; il secondo è un *cocktail* a base di *vodka* (5 cl), caffè espresso e liquore al caffè (1 cl), servito nella classica coppa Martini raffreddata con ghiaccio e decorata in superficie con tre chicchi di caffè.

Il rito

Il caffè è anche un rito. Prima di introdurre questo discorso è necessario però partire da alcune premesse: cosa è un rito o un rituale? Diamo una definizione semplice - per il momento - senza entrare eccessivamente in ambito antropologico.

Un rito (o rituale) indica ogni atto, o insieme di atti, che viene eseguito secondo norme codificate. Il prendere il caffè al bar può sono alcuni aspetti essere considerato un rito? Antropologicamente bisogna, innanzitutto, analizzare il concetto di "rito", ponendo l'accento sul contesto collettivo, un aspetto analizzato anche da Marc Agué. Frequenti nelle religioni e nel culto, i riti si estendono anche nella vita sociale e politica. Naturalmente questo approccio non esclude a priori il significato che Émile Durkheim dà al rito, ovvero quello di rafforzare, attraverso il suo perpetrarsi nel corso del tempo, in ciascun individuo il senso di appartenenza al gruppo sociale. Basti pensare ai casi in cui il "rito del caffè" viene utilizzato proprio come "aggregante sociale". Possiamo trovare vari esempi proprio nel *media-scape*[64]: Il *Central Perk* della serie *Friends* era, con il suo iconico divano, il centro della vita sociale del gruppo, così come - *mutatis mutandis* - il *MacLaren's*, pub nel quale è ambientata una parte delle vicende della serie *How I met you mother*. Sempre rimanendo in tema *fiction*, non si può citare la *sitcom* italiana *Camera café*, prodotta dal 2003 al 2017. Si tratta di un *format* originale francese nel quale si assiste all'interazione quotidiana tra gli impiegati di

---

[64] Cfr *infra*, p. 69.

una grande azienda (e non viene nemmeno rivelato cosa produce, a parte le misteriose C-14) che si ritrovano davanti alla macchina automatica del caffè, nell'area *relax*. Gli uffici, le sale riunioni, *reception*, mensa non vengono mai mostrati, gli ambienti si deducono solo dalle conversazioni (tecnicamente tutta la *sitcom* è girata a telecamera fissa con il punto di vista della macchina del caffè). Le interazioni sociali avvengono proprio tutte all'interno di questa area relax, in cui assistiamo alle dinamiche di gruppo tipiche di un ambiente di lavoro medio, rappresentate in maniera parodistica ed esasperata - accentuando in particolare gli aspetti negativi -. Si assiste alla messa in scena dei rapporti di potere, con il servilismo e le piccole truffe, atti di bullismo fisico e verbale ai danni del più debole, contrattazioni sindacali basate sul ricavo personale piuttosto che sul benessere collettivo e dell'interesse economico dell'azienda. Se la serie fosse stata ambientata all'interno di un qualsiasi altro ambiente dell'azienda (pensiamo ad esempio a serie quali *Mad Man* oppure *Better off Ted* o *The crazy ones* con Robin Williams), certamente non si sarebbe riuscito ad ottenere lo stesso senso comico e la stessa "verosimiglianza". Durante la pausa caffè da una lato si abbattono le barriere, ma dall'altro si rafforzano: si può tranquillamente picchiare il Silvano Rogi[65] della situazione, mentre si tenta di truffare Augusto De Marinis[66], il grande capo, che comunque rimane fianco a fianco dei dipendenti in questo momento di svago. Entrambe cose che non si farebbero mai nell'area

---

[65] 30 anni, arrivato in azienda 6 anni prima, è il contabile, imbranato, dell'azienda, il "bamboccione" che vive ancora con la madre, di cui è succube, impreparato nei rapporti sociali, spesso vittima di bullismo.

[66] 58 anni, è il direttore dell'azienda, in cui lavora da 17 anni, ricoprendo questo ruolo dirigenziale da 15.

"socialmente sacra" dell'ufficio, ma consentite in questa "zona grigia" dell'area relax.

Ma pensiamo anche alle piccoli ritualità che intraprendiamo ogni giorno: *"andare a prendersi un caffè"* è l'espressione usata nei primi approcci tra fidanzati, o anche per riallacciare rapporti con vecchi compagni di scuola o amici di cui non si hanno notizie da un po' di tempo. Ma questo aspetto verrà approfondito più avanti nel discorso: quello che conta è che "l'andare a prendere un caffè" assume il ruolo di rito sociale, naturalmente laico.

I riti, per definizione, investono oggetti di un significato più profondo: un caffè, infatti, non è mai solo sorbire una tazza di bevanda, ma è socialità, discussione, momento di stacco dal lavoro, occasione di pettegolezzo... Volendo essere più precisi ed utilizzare le definizioni antropologiche corrette, piuttosto che di rito, in questo caso, sarebbe meglio parlare di rituale, con un'accezione quindi più generica, con cui si indicano comportamenti standardizzati, fatti con una certa formalità ed una regolarità nella sequenza dell'azione[67].

L'aspetto forse più intrigante di questa ritualità è il fatto che, portando all'estremo il concetto di rito, si può addirittura paragonare il bar (il luogo dove cioè si consuma il caffè) ad una sorta di chiesa di questa "religione". Una "religione sociale" che ha i suoi cardini in un'ortoprassia (ovvero una corretta sequenza di azioni ben precise) piuttosto che in un'ortodossia (il "corretto pensiero").

Pensiamo ad esempio il caso italiano: solitamente, ed è una regola

---

[67] Fabietti e Remotti, 1997, pp. 637-639.

non scritta ma costantemente applicata[68], il caffè viene pagato da chi invita, secondo alcuni proverbi e detti popolari ancora oggi in voga «*non si beve in piedi, ma seduti*», la quantità di zucchero offerta dai baristi è ben codificata in bustine (una per il caffè, due per i cappuccini). La presenza o meno del bicchiere d'acqua, che tecnicamente serve a preparare lo stomaco, attivando gli acidi gastrici prima dell'ingestione della bevanda, che altrimenti potrebbe causare acidità - ma secondo alcuni per sciacquare la bocca e preparare il palato a gustare meglio la bevanda - varia da nord a sud: a Torino, ad esempio, viene dato di *default*, così come a Napoli, mentre nel nord del Piemonte va richiesto.

Ma pensiamo anche alla ritualità più esotica, ma ugualmente codificata, della preparazione del **caffè turco**, in cui si assiste tanto ad una preparazione ben codificata, quanto ad un rito "magico", ovvero la lettura dei fondi lasciati nella tazzina, la cosiddetta *"caffeomanzia"*, diffusa in area di influenza turca o balcanica. Per preparare il caffè turco, che prevede l'utilizzo per far bollire l'acqua di un bricco in ottone dalla forma allungata, denominato **"*ibrik*"**, si aggiungono, fuori dal fuoco, il caffè macinato ed eventualmente alcune spezie. La bevanda viene preparata anche in importanti occasioni sociali, quali ad esempio i matrimoni tradizionali, durante i quali la sposa prepara una tazza di questa bevanda per la futura suocera, cercando di fare la migliore tazza di caffè possibile. Allo sposo, invece, viene aggiunto anche del sale, che il marito deve sorbire senza mostrare ribrezzo né tantomeno esitazione.

---

[68] Persino il galateo di Donna Letizia, vero e proprio best seller degli anni '60.'70, non codifica in maniera casalinga il "rituale" del caffè (cfr Donna Letizia, 1982).

Tornando al discorso divinatorio, la **caffeomanzia** a sua volta segue un'ortoprassia ben codificata: dopo aver bevuto il caffè, servito in tazzina di porcellana bianca con piattino, chi vuole farsi leggere il futuro chiude la tazzina con il piatto rovesciato, appoggiandovi sopra le dita della mano e, concentrandosi sugli aspetti che desidera conoscere, compie alcune brevi rotazioni della tazza. Questa viene poi capovolta sul piatto e si lascia riposare il tutto fino al completo raffreddamento dei fondi, dando così il via alla divinazione.

Questa forma di predizione del futuro può avvenire anche utilizzando il cosiddetto caffè greco, ottenuto da una miscela di tre cucchiaini di questa bacca mischiati con altrettanti cucchiaini di zucchero. Anche in questo caso, bisogna sorbire il caffè in un modo ritualizzato, ovvero sorseggiarlo cambiando la posizione della bocca sulla tazzina: ogni sorso equivale ad una problematica su cui si chiedono chiarimenti. La tazzina viene quindi capovolta sul piattino (questa volta senza toccarlo) e la sia appoggia su un fazzoletto di carta. Chi si occupa di fare la divinazione leggerà le immagini formate dalla bevanda sulle pareti interne ed esterne della tazza[69].

Parlando di caffè turco non si può non parlare del cosiddetto *"caffè dul pariulin"*, un metodo di preparazione tradizionale alpino molto simile a quello dell'Asia minore, perché in entrambi i casi si tratta di una infusione, il metodo di preparazione più semplice ed intuitivo. Come rivela il termine, l'attrezzo utilizzato per la preparazione non è la Moka, né una macchina espresso, quanto piuttosto un semplice padellino

---

[69] Cfr https://it.wikipedia.org/wiki/Caffeomanzia, consultato il 5 febbraio 2018; Della Bianca, 2003.

(*pariulin* appunto in dialetto) in cui viene messa a bollire dell'acqua e, quando comincia ad essere tiepida, si aggiunge lentamente il caffè - o un suo sostituto - macinato al momento. Una volta raggiunta l'ebollizione il pentolino viene tolto dal fuoco e si lascia depositare sul fondo il caffè. Solitamente viene servito con zucchero, ma in alcuni casi si aggiunge grappa o persino burro. A Vogogna, ad esempio si racconta di quando *«in tempo di guerra, si faceva il caffè con l'orzo, seminato a Colloro, tostato insieme alla biada»*, utilizzando una miscela denominata "olandese" per scurirlo[70].

L'aspetto forse più interessante è quello relativo a come questa ritualità e questa preparazione si sia conservata nel corso del tempo, grazie soprattutto all'opera di riscoperta (spesso a fini commerciali) del *folk* e delle tradizioni. Mi spiego meglio: il *caffè dul pariulin* è diventato attrazione turistica, vero e proprio valore aggiunto in molte feste e sagre. Il prodotto viene spesso servito ad offerta libera, non ha un prezzo fisso come il caffè espresso, ma è interessante notare come il "valore" della bevanda aumenti in presenza dell'anziana che, vestita con il costume tipico, prepara la bevanda: è infatti la ritualità, il vedere una preparazione così laboriosa ed antica il "valore aggiunto della tradizione", che si ripercuote anche economicamente sugli incassi degli organizzatori[71].

Un rito, quello del caffè che assume anche le caratteristiche del rituale domestico, della tradizione familiare, momento in cui abbattere le barriere e limare l'imbarazzo.

---

[70] Cfr Ciurleo, 2014, p. 84.

[71] Cfr Ciurleo, 2013.

«*A volte avevamo ospiti più o meno attesi. Allora la domanda "Gradite un caffè?" diventava obbligatoria, e il rituale delle azioni che ne seguivano faceva sì che si stemperassero gli eventuali imbarazzi e si creasse un clima di cordiale familiarità*»[72].

Il **galateo**, che si stava diffondendo proprio nel periodo in cui il caffè entrava, da Venezia, nella cultura italiana, dedica molto spazio alla sua preparazione e corretto servizio. Secondo le regole della buona educazione il caffè, essendo un prodotto costoso e legato all'ospitalità, deve essere servito dalla padrona di casa e non dai domestici, che invece si occupano del servizio di tutte le altre pietanze. Il prodotto non va versato in tazza in cucina, ma, dopo aver liberato il salotto dai bicchieri ed altro,

«*si porterà il servizio da caffè insieme alla zuccheriera, la lattiera, qualche dolcino mignon di accompagnamento e, volendo, anche un piccolo bricco di panna. Solo quando tutto sarà sul tavolino scelto, farà il suo ingresso trionfale la grande caffettiera fumante sorretta dalla padrona di casa o, nel caso sia la donna di servizio a portarla, sarà subito ceduto il trofeo colmo di caffè bollente*»[73].

Quello del caffè, come visto, è a tutti gli effetti un rituale domestico: è il centro dei doveri dei padroni di casa quando ci sono ospiti, che si tratti della vicina di casa, dell'operaio che si ferma per i lavori di ristrutturazione, del tecnico che passa per la lettura del contatore. Che si desideri instaurare con i visitatori un contatto più stretto o di mantenere le distanze, l'atto di offrire il caffè mantiene la propria efficacia di rituale di accoglienza. Servire la bevanda è un atto di

---

[72] Padovani, 2011, p. 76.

[73] Cit in https://www.accademiaitalianagalateo.it/tavola/pillole-di-galateo-il-caffe/ consultato il 13 giugno 2024.

cortesia, pertanto anche l'ordine di servizio sarà molto ritualizzato: la prima tazzina andrà all'ospite di riguardo, quindi verranno servite le donne in ordine di anzianità ed infine gli uomini, sempre dal più anziano al più giovane. Sempre secondo il galateo non bisogna portare il cucchiaino alla bocca e, dopo aver girato la bevanda in senso rotatorio dall'alto verso il basso, riporlo sul piattino e non nella tazzina. Anche quando si porta la tazzina alla bocca, il piattino va tenuto con la mano sinistra e avvicinato a viso, senza lasciarlo abbandonato sul tavolo.

Se esistono regole ben definite per il servizio in casa del caffè, a maggior ragione anche il servizio al bar dovrebbe essere impeccabile. Il barista non deve assolutamente toccare la tazzina se non dal manico; l'impiattamento deve essere fatto dietro al bancone e deve essere presentato al cliente con piattino e cucchiaino sulla destra o in alto, facendo in modo che non intralci la presa del manico. Inoltre bisognerebbe accompagnare il caffè con un bicchiere piccolo di acqua[74], preferibilmente naturale a temperatura ambiente per pulire la bocca e migliorare l'esperienza gustativa del caffè[75].

Mentre il caffè con la Moka era ed è un rito squisitamente casalingo, con l'avvento della tecnologia "espresso", nata a Torino nel 1884 come procedimento di percolazione sotto alta pressione di acqua calda, il caffè trova nel bar o nelle caffetterie il suo luogo principale, dando vita ad una sorta di culto laico. Il galateo, però, non vede molto

---

[74] Il bicchiere d'acqua gasata altera la percezione, avendo un gusto tendente all'acido. La sua funzione, in caso di acidità, è anche quella di attivare i succhi gastrici e fornire una protezione allo stomaco.

[75] Cfr https://www.romcaffe.it/it/come-servire-il-caffe-al-bar-secondo-le-regole-del-galateo/ consultato il 13 giugno 2024.

bene questa innovazione tecnologica, e preferisce, quando si devono accogliere ospiti, la sua preparazione con la Moka, limitando l'uso della macchina espresso a situazioni familiari o alla colazione[76].

Come visto il caffè è entrato anche nella ritualità cristiana, sia come santo protettore che con una vera e propria serie di preghiere. È il caso dei **masticatori di caffè etiopi** che vedono la caffettiera con un vero e proprio idolo cui dedicano la seguente preghiera:

«Caffettiera, dacci pace.
Caffettiera, fa' crescere i bambini
Accresci la nostra ricchezza
Ti preghiamo, proteggici dal male»[77].

Il testo, naturalmente, va interpretato anche alla base dell'economia Etiope, che attualmente vede ben 12 milioni di persone (su una popolazione di 123 milioni) occupate a vario titolo nel settore. Il caffè nel paese africano viene consumato al termine del pasto a base di *injera* e *wot*, attraverso una elaborata cerimonia rituale iniziata e portati avanti da una donna, che sparge erba fresca per terra in un angolo della stanza. Quindi si siede su uno sgabello accanto ad un braciere ed inizia a torrefare i chicchi verdi di caffè in una ciotola concava, spargendo l'aroma per la casa. A tostatura ultimata, dopo aver fatto annusare il profumo ad ogni singolo invitato, si procede alla macinatura con mortaio e pestello, mentre viene portata una brocca di ceramica tonda e panciuta con un lungo beccuccio, la *jebena*, utilizzata anche in Eritrea e Sudan.

---

[76] Cfr https://www.accademiaitalianagalateo.it/tavola/pillole-di-galateo-il-caffe/ consultato il 13 giugno 2024.

[77] Cit in Berardo, 2005, p. 11.

Tutto viene portato a bollore, quindi si raffredda la bevanda versandola in tazza e quindi viene rimesso nella caffettiera. La padrona di casa, ovvero la donna che si occupa del rituale, versa così il caffè a tutti gli ospiti in piccole tazzine senza manico, una volta in tazza si aggiunge zucchero ed un rametto di ruta. Una volta bevuto il caffè la donna raccoglie le tazze e prepara un secondo giro, a volte un terzo, utilizzando però gli stessi chicchi. Secondo la spiegazione emica il primo giro (*Awel)*, con la bevanda più forte, è per i padri, il secondo (*Kale'i)* per le madri ed il terzo (*bereka*) per i bambini[78].

Nello Yemen, invece, il caffè si prepara in due metodi: lo *shatter* (usato al pomeriggio a aggiungendo un cucchiaio da tavola colmo di caffè macinato e spezie in acqua calda) ed il classico *ibrik* (consumato con zucchero e caffè, prevalentemente bevuto a colazione); in ambedue i casi viene servito in bicchierini di vetro. Sempre all'area mediorientale e nordafricana si riferisce anche la descrizione del rituale del caffè riportata da **Pietro Della Valle**, tra il 1614 ed il 1626:

> *«Il modo di far la bevanda, è questo: o siano le scorze del frutto, o pur le fave di dentro, secondo il gusto di chi le vuole; bruciandole, si fanno ridurre in una polvere minutissima, e di color quasi nero; della qual polvere, che così bella, e fatta si conserva lungo tempo, se ne trova qui sempre quantità per le botteghe. Quando si vuol bere, si fa bollir dell'acqua in certi vasi fatti a posta, che hanno becchi lunghi e sottili; per poterla versare agevolmente ne' vasi piccoli da bere. E dopo che l'acqua ha ben bollito, vi si getta dentro di quella polvere del Cahue in giusta quantità, e si lascia essa ancora bollir con l'acqua buona pezza, tanto che deponga ogni amarezza fastidiosa, che facilmente havrebbe, se non fosse finita ben di cuocere. Chi la vuol più dilicata, insieme con la polvere del*

---

[78] Cfr tra gli altri https://www.viaggitribali.it/blog/il-caffe-etiopia e https://it.wikipedia.org/wiki/Cerimonia_del_caffè consultati il 14 giugno 2024.

Cahue mette anche nell'acqua una buona quantità di zucchero, con cannella, e qualche poco di garofani, e riesce allhora di sapor gratiosissimo, e di cosa di sostanza…»[79].

In Svezia, uno dei paesi con il maggior consumo di caffè pro capite, la pausa caffè viene denominata **fika** ed è una vera "istituzione" ritualizzata. Come visto la pausa caffè, che anche in Italia è contrattualizzata e non può essere inferiore ai 10 minuti, è un elemento molto importante nella società occidentale. Nel caso del paese baltico questa pausa avviene solitamente due volte al giorno, intorno alle 10 ed intorno alle 15, ed è fondamentale per la società svedese, tanto che molte aziende obbligano i dipendenti a prendere questa pausa. In origine la *fika* prevedeva l'assaggio di sette biscotti fatti in casa, con una sorta di gara per trovare chi avesse preparato i migliori. La tradizione portò addirittura, negli anni '40 del Novecento, alla diffusione del ricettario, ancora oggi tra i *best seller* svedesi, *Sju sorters kator*, letteralmente *"Sette tipi di biscotti"*. In tempi più moderni la tradizione dei sette biscotti si è progressivamente mutata, sostituita da un dolcetto. A contribuire alla sua diffusione è stato il *food-scape*, il "flusso del cibo" che contraddistingue la globalizzazione contemporanea[80]: Ikea ha fatto di questa tradizione una vera e propria strategia di *marketing*, esportando l'usanza della pausa caffè e dolcetto in tutto il mondo. Etimologicamente il termine *fika* appare per la prima volta in uno slang del XIX secolo, come inversione sillabica della parola *kaffi*, termine arcaico con cui si indicava il caffè. Nello svedese moderno è sia un sostantivo che un verbo e può essere utilizzato

---

[79] Berardo, 2005, pp. 26-27.

[80] Cfr Ciurleo, 2023; 2010.

anche nelle forme *fikapaus* (pausa caffè) e *fikarast* (*break* per la *fika*), sottintendendo quindi sia la pausa dal lavoro che l'azione sociale di prendere un caffè con un amico. Gli spuntini di accompagnamento, biscotti, dolci o paste, vengono definite *fikabröd* (letteralmente *pane per pausa caffè*)[81].

<hr>

[81] Cfr https://it.wikipedia.org/wiki/Fika_(società) consultato il 10 giugno 2024.

Il bar, ovvero la "chiesa" del caffè

Se prendere il caffè, come visto è un rito sociale, il bar è, in Italia principalmente, il luogo di culto preferenziale. E la sua struttura è facilmente individuabile, e si ripete, nel suo schema, uguale a se stessa. Il "centro" del culto, il *sancta santorum*, è rappresentato dalla macchina del caffè espresso, posta sempre in bella vista, in un luogo facilmente visibile del locale. Si può dire che è il centro, una sorta di catino absidale nella struttura architettonica del bar che pone la macchina del caffè, sempre lucida ed impeccabile, in bella vista. L'oggetto principale di produzione, a differenza delle cucine, spesso nascoste, è sempre visibile: nessuno si sognerebbe di nasconderla, e diventa il biglietto da visita del bar.

Quello che ha il bar con il caffè è un vero e proprio rapporto simbiotico, in una sorta di sineddoche: il fornitore di caffè, che è solo una parte delle consumazioni di bar, diventa parte integrante dell'esercizio commerciale, tanto da apparire anche nell'insegna (a differenza ad esempio dei fornitori di succhi di frutta o di bibite!). Questo aspetto ha naturalmente degli aspetti negativi, soprattutto sulla qualità del prodotto venduto, perché troppo spesso la ditta fornitrice di caffè viene vista come una fonte di finanziamento, alla stregua di una banca, che fornisce, tramite contratto pluriennale, il materiale (macchina del caffè, macina-dosatore, tazzine…) per iniziare l'attività[82].

---

[82] Su questa tematica prende posizione Andrej Godina, ad esempio nel manifesto del suo Zerocaffè. Cfr Godina, Bonacchi, 2019.

L'avvento del bar è una profonda trasformazione rispetto alle *coffee house*, anche dal punto di visto della struttura del locale: storicamente il centro rituale dei café era la sala, dove intrattenersi in conversazioni, mentre nel mondo moderno del bar il centro rituale si sposa attorno al bancone, *bar* in inglese. Questo crea da una parte un confine, anche fisicamente invalicabile, tra i ruoli di barista e di avventore, e detta allo stesso tempo i tempi dell'interazione e della socialità, rendendola mobile e flessibile. Il consumo dell'espresso è rapido, così come i discorsi, scambiati stando in piedi in un momento di pausa e di decompressione: l'espresso sembra quasi l'eponimo del tempo sincopato dell'uomo postmoderno[83].

Vi è anche una differenza nella posizione dei "fedeli" che si approcciano a questo singolare rito, a seconda che si ponga maggiore attenzione sull'aspetto sociale o sulla degustazione del prodotto. I puristi del caffè, infatti, solitamente lo bevono al banco, mentre quelli che utilizzano la scusa del caffè per avere rapporti sociali in quello che potrebbe essere un "luogo protetto" preferiscono sedersi ai tavolini. E solitamente cambia anche il prezzo della consumazione: l'uso del tavolino comporta un sovrapprezzo.

Il fenomeno, purtroppo tipicamente italiano, della diffusione selvaggia delle *slot machine* ha un po' messo a soqquadro il bar e la sua ritualità, senza però distruggerla del tutto. Da un lato, infatti, queste "macchinette mangiasoldi" sono diventate una vera attrazione del bar, che ne ricava un ottimo ritorno economico. Dall'altro le *slot* sono state

---

[83] Niola, 2023, pp. 123-124.

posizionate in zone marginali, in salette a parte, quasi lontane dal vero e proprio "luogo di culto": un po' come le cassette delle offerte, poste lontano dal cuore del culto, all'ingresso della chiesa o in cappellette laterale, mai direttamente sopra l'altare. È proprio nata per contrastare questo fenomeno, diventato piaga sociale con l'aumento vertiginoso di casi di ludopatia, la campagna *Il caffè è più buono senza slot*, un marchio che "premia" gli esercizi commerciali rimasti fedeli alla tradizione e quindi senza questi apparecchi.

Parlare di "culto" del caffè non è assolutamente esagerato, anche perché il bar, pur essendo luogo pubblico, quindi dove si "provano sul campo" le relazioni sociali (pensiamo ai bambini che spesso nel bar hanno i primi approcci con la convivialità pubblica), è al tempo stesso luogo protetto, dove fare comunicazioni difficili (memorabili le scene cinematografiche e di varie serie tv in cui i due fidanzati si lasciano proprio in un bar, per evitare, grazie alla censura sociale, scenate di gelosia). Ed essere luogo "protetto" deriva proprio dal suo essere sotto lo sguardo di altri avventori, che non esiterebbero, anche solo con uno sguardo, a mettere in campo un biasimo sociale.

> *«Il carattere pubblico del luogo impone ai protagonisti un certo riserbo e, tutto sommato, è forse meglio che il rancore o il dolore trovino sfogo in uno spazio convenzionale e pubblico anziché nell'intimità di un colloquio a due. La violenza e l'esplosione dei sentimenti sono contenute, l'irreparabile è forse evitato, ma l'osservatore occasionale - pur facendo mostra di guardare altrove - noterà i gesti impacciati di lui o di lei che, vedendo l'altro che si alza all'improvviso per abbandonare il campo, dopo pochi istanti di esitazione comincia a frugare in tasca o nella borsa per pagare il conto, quindi si alza a sua volta e cerca di andarsene con l'aria*

più naturale possibile, come se nulla fosse accaduto»[84].

Diventa a questo punto interessante introdurre il discorso introdotto da Marc Augé nella sua accurata analisi del *bistrot* del 2016, simile sotto molti aspetti al bar italiano. In particolare lo studioso francese ha preso in considerazione le conversazioni da bar, quelle fatte per passare il tempo, simili sotto certi aspetti ai tennisti che, prima di una partita, fanno due palleggi di riscaldamento, una sorta di "test" sulle buone maniere.

> *«Noi abbiamo bisogno di rapporti superficiali. Le parole che ci scambiamo nel conversare sono spesso più importanti per il fatto di essere scambiate che non per il loro contenuto. Sono importanti per il semplice fatto di essere pronunciate e rivolte a un altro, anche quando non dicono nulla; nulla più di ciò che lui stesso dirà rispondendo al suo interlocutore. Le parole scambiate per non dire nulla obbediscono ad un intento consapevole: quello che importa è lo scambio»*[85].

I "discorsi da bar" - banali analisi politiche, commenti sportivi su calcio o F1, sul tempo -, caratterizzati da una estrema superficialità[86] avvengono spesso in prossimità del bancone. Domande quasi retoriche (*«Che cosa mi dici di nuovo?»*) alle quali non ci si aspetta quasi risposta.

Se da un lato il bar è il banco di prova dell'educazione, dall'altro questi obblighi sembrano venire meno, come testimoniato da **Beppe Severgnini**, secondo cui il rapporto con il barista, ad esempio, si colloca in una sfera molto particolare. Come ben evidenzia il giornalista, spesso

---

[84] Augé, 2016, pp. 49-50.

[85] Augé, 2016, p.47.

[86] In realtà, come spiega Augé si tratta di discorsi relativi ai rapporti "di superficie", cfr 2016, pp. 47-54.

ai baristi viene dato del tu, indipendentemente dall'età anagrafica o dal rapporto che si crea.

> *«Domanda: perché qualcuno crede di potere/dovere dare del tu a baristi, posteggiatori e commesse? Voi direte: ma è una piccola cosa! D'accordo: ma spesso sono le piccole cose a rivelare i grandi imbecilli. Dare del tu a un adulto sconosciuto, che si trova in posizione di inferiorità, è volgare. Quello o quella non possono restituire la confidenza (né ci tengono). Non possono protestare. Non possono neppure mettersi a recitare quest'articolo (possono però appenderlo alla cassa: ne sarei orgoglioso). Ogni tanto - sono sicuro - sono tentati d'afferrare con decisione il naso dell'interlocutore e dire: "Ma come ti permetti, brutto puffo?". Ma poi si trattengono»*[87].

Naturalmente non è questo il contesto per effettuare una minuziosa disamina sull'utilizzo di questo o quel pronome personale (molto più semplice la lingua inglese, dove si usa indiscriminatamente *"You"*), ma il dimenticare anche le più semplici norme dell'educazione (salutare, chiedere per favore, dire grazie) è diventata una cosa normale. Tanto è vero che su Internet - ed anche appesi in alcuni bar - sono apparsi dei *meme* che "ricordano" la buona educazione. Ecco quindi apparire cartelli con

> *«Un caffè = 3,00 €*
> *Un caffè per favore = 2,00 €*
> *Buongiorno, mi fa un caffè per favore? = 1,00 €».*

Accanto ai clienti "occasionali", si collocano gli *habitué* del bar (impiegati che lavorano vicino, famiglie che portano i bambini per far merenda, gente che consuma la colazione o il pranzo…), tanto da creare rapporti e "giochi delle parti" tra cameriere e cliente talmente inseriti in un contesto simbolico (quello della transazione barista / avventore) che,

---

[87] Severgnini, 2008.

una volta cancellati i simboli del rapporto, non ci si riconosce[88].

> *«Il rapporto tra cliente e cameriere o cameriera è ancora più complesso sia per il fatto che coinvolge i due personaggi in un reciproco gioco delle parti, del quale è evidente il carattere contrattuale, sia perché si manifesta in linea di massima soltanto durante le ore di servizio in forma provvisoriamente gerarchica ("Cameriere! Una birra!"). In genere i clienti, anche i più fedeli, si attengono quanto i camerieri, anche i più ciarlieri, ad un certo riserbo»[89].*

Non dimentichiamo che il bar, analogamente al *bistrot*, è uno spazio convenzionale, termine legato ad una sorta di tacito accordo collettivo.

> *«Le trasgressioni sono tutto sommato poca cosa, ed è degno di nota il fatto che tutti sembrino rispettare istintivamente la presenza del vicino, per esempio adeguandosi con facilità al divieto imposto di recente riguardo al fumo»[90].*

In questo spazio convenzionale ognuno "recita" pirandellianamente la propria parte, sfruttando, nel caso dei camerieri, la loro identità legittima e riconosciuta, che però non comporta rischi di sorta. Analogo discorso vale per i clienti: i rapporti rimangono circoscritti in quel particolarissimo spazio, dove si "esibiscono", ognuno alla propria maniera, improvvisando *«come nel jazz le proprie variazioni su un tema a tutti noto e facilmente riconoscibile»[91].*

È il luogo dove trovano compimento le interazioni sociali faccia a faccia di Goffman:

---

[88] Augé, 2016, p. 58.

[89] Augé, 2016, p. 59.

[90] Augé, 2016, p. 41.

[91] Augé, 2016, p. 60.

«Quali che siano le nostre azioni, è assai probabile che esse siano, in senso stretto, "socialmente situate", tanto è vero che le attività compiute completamente in privato possono facilmente essere caratterizzate proprio da questo aspetto»[92].

Il rapporto barista / cliente si basa così una doppia identificazione: categorica ed individuale, attraverso la quale il soggetto osservato viene "incasellato" in una identità che lo contraddistingue. L'interazione tra il cliente di passaggio arriva a configurarsi come una "transazione di servizio", in cui si utilizzano appellativi generici (con l'asimmetria dell'uso del "tu" evidenziata da Severgnini) all'inizio o alla fine della frase. Nel caso del cliente affezionato, invece la transazione di servizio è più strutturata, e spesso inizia o termina con un rituale di relazione, accettato dagli altri presenti a patto che gli altri presenti non percepiscono il loro movimento, ad esempio all'interno di una coda al bancone per prendere un caffè, rallentato. Questo comporta che la relazione personale venga messa tra parentesi per agevolare il servizio[93].

Anche il tempo e la sua percezione diventa molto importante in questo contesto di analisi socio-antropologica del bar. Questo luogo diventa misura del tempo: ha un orario di apertura e di chiusura ed a seconda dell'orario si avvicenda una diversa tipologia di clientela, che corrisponde ad una diversa tipologia di consumazione. Difficilmente di prima mattina si ordinano cose diverse da caffè o cappuccino, men che meno si ordinano alcolici. Allo stesso modo nel tardo pomeriggio e nelle prime ore della sera si consumano aperitivi, ed i cappuccini diventano

---

[92] Goffman, 1998, p. 44.

[93] Cfr Goffman, 1998.

una rarità (vista anche con estrema diffidenza dal barista e dagli altri avventori!). Il bar ed il *bistrot* offrono

> «*asilo a quanti non sono riusciti a governare perfettamente l'uso del proprio tempo e si trovano all'improvviso senza aver niente da fare, in anticipo, obbligati ad aspettare il prossimo appuntamento, senza altra soluzione per ammazzare il tempo*»[94].

Quante volte, infatti, è capitato di arrivare prima ad un incontro e, magari anche solo per ripararsi dal freddo, ci si è rifugiati in un bar, luogo che offre, a prezzi contenuti, ospitalità? E questo uso del tempo nel bar ha portato alla nascita, in Italia nel 2014, dei primi "**bar ad ore**", ovvero dei luoghi dove, più che la consumazione, si paga il tempo trascorso. Il primo aperto nel nostro paese è stato l'*Anticafé*, a Roma, che si basa sulla formula «*entri, ti siedi, lavori, giochi o semplicemente chiacchieri e consumi solo se vuoi ma la consumazione è compresa nel prezzo orario*»[95]. L'anno seguente aprì il *Coffice*, nato a Milano in zona Porta Romana, uno spazio *co-working* in cui le consumazioni non si pagano: al costo di 4 euro per la prima ora (e poi "scatti" di 1,5 euro ogni 30 minuti) si ha il diritto di sedersi, lavorare o semplicemente farsi gli affari propri, sfruttando il *wi-fi* del locale, le postazioni per tablet e computer, persino lo scanner. Le consumazioni, che spaziano da caffè a cappuccino, tè, spuntini dolci e salati, *muffin*, biscotti e frutta fresca sono invece gratuiti. Un modello di consumo che sostanzialmente piace: sui siti di recensioni quali *Tripadvisor* il locale infatti ottiene oltre le 4 stelle, con 42 giudizi che variano

---

[94] Augé, 2016, p. 67.

[95] http://www.lastampa.it/2014/09/06/societa/ecco-lanticaf-il-bar-dove-si-paga-il-tempo-e-non-la-consumazione-F9O3UBm1SAVzZfA8V7XghP/pagina.html

dall'Eccellente (73%) al Molto buono (19%)[96]. L'idea del "bar a tempo" si basa su una formula già in vigore in Russia ed Ucraina, nati nel 2011 dalla mente di Ivan Mitin, giovane imprenditore russo che ha esportato questo modello in diversi paesi[97]. Il bar, da mero luogo di consumo, diventa "*friendly*", amichevole, arrivando addirittura ad offrire gratuitamente la consumazione, rigorosamente non alcolica, diventando a tutti gli effetti luogo di ritrovo (come ad esempio l'americana *Sturbucks* antesignana del nuovo modello di consumo, passando ore seduti ad un tavolo), per venire incontro alle esigenze soprattutto degli studenti, che riescono a concentrarsi e studiare in un luogo centrale, accogliente e con molti servizi aggiuntivi. Ed il tempo, anche in questo caso, fornisce un valore aggiunto: al contrario di altri spazi di *co-working* o sale studio universitarie, si fanno "orari da bar", ovvero dalle 9 sino alle 23, tutti i giorni, week end compresi.

Infine il bar è anche uno spazio rituale. Un luogo che si presta «*a piccoli riti la cui posta in gioco non è spettacolare*»[98]. Pensiamolo nella sua veste di luogo in cui andare ad assistere alle partite di calcio, in cui si formano delle vere e proprie comunità, riproponendo, in piccolo, lo stadio: tifosi delle due squadre rigorosamente separati (ogni bar viene spesso associato ad una determinata squadra) e che compiono piccoli rituali scaramantici (sedersi nello stesso posto, prendere la stessa ordinazione, portate simboli della propria squadra).

---

[96] https://www.tripadvisor.it/Restaurant_Review-g187849-d8001669-Reviews-Coffice_Milano-Milan_Lombardy.html, consultato il 26 marzo 2018

[97] https://www.millionaire.it/bar-a-tempo/

[98] Augé, 2016, p. 51.

Tra caffetteria, bistrot, McDonald's

L'approccio che l'essere umano, nella civiltà occidentale, ha con questa bevanda è molto particolare. Finora abbiamo analizzato i bar tipicamente italiani, ma nel resto del mondo, in particolare nel mondo occidentale, ci sono diverse concezioni filosoficamente molto diverse del luogo dove consumare questa bevanda.

Negli Stati Uniti d'America, ad esempio, la concezione di caffetteria è rimasta, soprattutto oggigiorno grazie agli archetipi ed al *media-scape*[99] americano fornitoci dalle serie tv, molto simile al caffè letterario settecentesco. La caffetteria, magari proprio uno *Starbucks*, considerato dai studenti e da abitanti delle grosse metropoli luogo di ritrovo, è popolato da una serie di scrittori in erba con i loro *laptop*, che creano i loro capolavori proprio nel locale, sfruttando spesso il collegamento *wi-fi*. Pensiamo ad esempio ad alcune puntate de *I Simpson*, ad esempio *Il colpo del libro* (episodio 4 della stagione 23), dove Lisa intraprende la carriera di scrittrice proprio in una caffetteria.

Ed è interessante che **Starbucks**, diffuso in tutto il mondo, abbia aperto il primo punto vendita in Italia solo nel 2018.

La motivazione, come spiegato dall'amministratore delegato

---

[99] Il *"mediascape"* è uno dei panorami teorizzati nell'ambito della sua teoria della globalizzazione da Arjun Appadurai. Si riferisce *«alla distribuzione delle capacità elettroniche di produrre e diffondere informazione [...] che sono ora a disposizione di un un numero crescente di centri di interesse pubblici e privati in tutto il mondo, sia alle immagini del mondo create da questi media [...]»*. L'aspetto più importante di questi *mediascapes* *«è che forniscono ai loro spettatori di tutto il mondo vasti e complicati repertori di immagini, narrazioni ed ethnoscapes in cui mescolano profondamente il mondo delle merci e quello delle notizie e della politica»* (Appadurai, 2012, p. 49).

Howard Schultz in un'intervista è semplice: perché

> *«agli italiani non piacciono le tazze di plastica, poiché essi non considerano neanche la possibilità di prendere il caffè fuori dal bar, bevendoselo mentre camminano o guidano»*[100].

Quest'affermazione apre subito una grande frattura tra il rituale del caffè visto nella cultura italiana e quello americano: oltre alla differente quantità di bevanda, cambia anche il modo di sorbirlo: non più veloce rito sociale in luoghi deputati, ma *street food* bevuto per strada, camminando, in bicchieri di cartone, il cosiddetto *"coffee to go"*.

Naturalmente l'arrivo del colosso, che ha aperto a Milano in grande stile una *roastery*, ovvero una torrefazione, ha dovuto trovare un compromesso tra il modello che voleva esportare e la cultura del paese di arrivo. La *Starbucks reserve roastery house* di piazza Cordusio, infatti, trascende l'idea classica del punto vendita della catena, dove poter trovare bevande a base di caffè espresso, ma si colloca nella tradizione dei *concept store* nati a Seattle nel 2013, con un logo leggermente diverso da quello della sirena a due code su sfondo verde che contraddistingue il *brand*. Il locale milanese, infatti, si apre subito con una tostatrice che accoglie il cliente con il suo odore di caffè appena torrefatto. Il locale dove si consuma riprende l'estetica, un po' *steam punk*, del laboratorio, con tubi in cui viene convogliato il caffè e distribuito ad esempio verso le macchine espresso, che anche in questo caso sono poste in bella vista. I toni sono prevalentemente sul marrone, ed accanto a prodotti di

---

[100] Da: Why Starbucks is not present in Italy?, innovationzen.com, 15 gennaio 2007, citato nella voce *Starbucks* della *Wikipedia* italiana, consultato il 7 febbraio 2018.

pasticceria e di arte bianca di alta qualità, grazie alla collaborazione

La descrizione che troviamo sul sito ufficiale della *roastery* spiega chiaramente le idee filosofiche alla base, ammiccando all'Italia, da cui tutto è partito.

> *«Il nostro è un amore incondizionato per il caffè. Per anni abbiamo inseguito il sogno di trovare uno spazio che ispirasse passione e magia; che potesse trasmettere a tutti il passato, il presente e il futuro di Starbucks. Abbiamo concepito la Starbucks Reserve™ Roastery Milano come un'esperienza immersiva, a 360 gradi nel mondo del caffè, prestando la massima attenzione, nel minimo dettaglio, a ogni aspetto del viaggio di un chicco dall'origine alla sua tostatura. Dovevamo creare un posto così. La Sirena ha chiamato. Noi abbiamo ascoltato. Dedichiamo questa Roastery a Milano. E, naturalmente, al caffè»*[101].

Interessante è anche la descrizione dell'azienda: secondo la leggenda Schultz arrivò in Italia e venne particolarmente colpito dall'espresso, una estrazione così diversa da quella statunitense, e decise di portare questa estrazione oltreoceano creando, nel 1971, la prima caffetteria a Seattle, al 2000 di *Western Avenue*. Fu fondata originariamente da Jerry Baldwin, Zev Siegl e Gordon Bowker, che si conobbero quando erano studenti dell'università di San Francisco. All'inizio l'azienda vendeva solamente caffè in grani e le bevande preparate erano semplici degustazioni per far provare ai clienti la qualità della loro torrefazione. Fu nel 1986 che, nei sei negozi di Seattle, iniziò a vendere espresso. Da lì l'azienda è cresciuta, soprattutto quando è passata sotto il controllo di Schultz, precedentemente assunto come direttore del marketing. Fu lui, nel 1987, a volere l'apertura di uno *Starbucks* a Vancouver e a Chicago. Nel 1989 erano già 46 i punti vendita in tutti gli Stati Uniti, con un

---

[101] https://www.roastery.starbucks.it/it/home consultato il 28 giugno 2024.

volume di caffè torrefatto intorno ai 907mila kg. Il 1994 fu per l'azienda un anno fondamentale, con l'acquisizione della *The coffee connection* si assicurò la commercializzazione di uno dei sui prodotti più iconici e reddeitizi[102]: il *Frappuccino*[103].

La descrizione del locale che possiamo trovare nella pagina ufficiale è molto interessante e mette già in chiaro, dal principio, alcuni concetti che saranno fondamentali per il successo del *brand*, ovvero la qualità dei prodotti, l'originalità delle bevande e soprattutto l'ambiente accogliente ed il rapporto con il cliente:

> *«Affermare che Starbucks acquista e tosta caffè in grani interi di alta qualità è pura verità. Questa è l'essenza del nostro operato, ma non è sufficiente a spiegare tutto.*
>
> *I nostri store sono diventati un punto di riferimento per gli amanti del caffè in tutto il mondo. Perché proprio Starbucks? Perché sanno di poter contare ogni volta su un servizio genuino, un'atmosfera invitante e una superba tazza di caffè sapientemente tostato e preparato.*
>
> *[...]*
>
> *Siamo fornitori appassionati di caffè e di qualsiasi cosa che possa rendere un'esperienza da Starbucks unica. Offriamo anche una selezione di tè di alta qualità Tazo®, pasticcini e altre delizie gustose per soddisfare qualsiasi palato. E la musica che ascolti nelle caffetterie è scelta per la sua qualità artistica e il suo fascino. Le persone vengono da Starbucks per parlare, incontrarsi o lavorare.*

---

[102] Nel 2012 le sue vendite nel mondo superarono i 2 miliardi di dollari. https://en.wikipedia.org/wiki/Starbucks consultato il 25 giugno 2024.

[103] Si tratta di un marchio registrato di *Starbucks* per una linea di bevande a base di caffè freddo. Si tratta della crasi tra i termini *frappé* e *cappuccino*, ed indica un intenso frappè con gelato. Cfr https://it.wikipedia.org/wiki/Frappuccino consultato il 24 giugno 2024.

Siamo un luogo di ritrovo, una parte della routine quotidiana… e non potremmo esserne più felici. Vieni a conoscerci e vedrai: siamo molti di più di quello che mettiamo in infusione»[104].

Molto importante in *Starbucks*, è quindi il rapporto che si crea con il cliente: dopo aver ordinato e pagato, la bevanda viene preparata e distribuita chiamando direttamente il cliente con il suo nome, scritto a mano sulla tazza da asporto. Un piccolo gesto che fa sentire il cliente non un numero, come spesso accade con gli eliminacode del supermercato, ma ricrea quella sorta di rapporto di intimità tra barista ed avventore. Grazie al successo mediatico della catena, alla voglia di esoticità ed ai flussi della globalizzazione, il successo è stato garantito, tanto che attualmente in Italia esistono 38 punti vendita della multinazionale, molti dei quali ripropongono lo stilema originario ed americano del *brand*[105].

Il legame tra l'azienda statunitense che ha portato il modello del caffè espresso in America, adattandolo sapientemente ai gusti locali, e l'Italia è testimoniato anche dalle dimensioni delle bevande. All'inizio erano solo due (*short*, da 237 ml oppure *tall*, da 355 ml) a cui nel corso del tempo si sono affiancate le dimensione *grande*, da 473 ml, *venti*, da 591 ml (ovverosia 20 once liquide) e *trenta*, da 887 ml (pari appunto a 30 once fluide)[106].

La caffetteria, intesa come luogo dove consumare convivialmente la bevanda, si è evoluta nel corso del **XX** e **XXI** secolo, trasformandosi in

---

[104] https://www.starbucks.it/informazioni-aziendali/ consultato il 24 giugno 2024.

[105] Cfr https://it.wikipedia.org/wiki/Starbucks consultato il 26 giugno 2024.

[106] https://en.wikipedia.org/wiki/Starbucks consultato il 26 giugno 2024.

negozio tematico con diversi valori aggiunti. Come sono cambiate le strutture, ad esempio in Italia? Pensiamo agli *Internet café*, nati sul finire del Novecento - ma ora molto meno diffusi, grazie anche alle connessioni mobili di cui tutti dispongono - e, fino a pochi anni fa, luogo di socializzazione, di studio, e di lavoro.

Negli ultimi anni, grazie anche ad una campagna pubblicitaria abbastanza aggressiva, *McDonald's* ha puntato molto sul *McCafé*, il «*bar all'italiana di McDonald*». Si tratta di un interessante esempio di locale nato per far «*vivere un'esperienza unica*» ai clienti, coccolandoli grazie ad una «*calda atmosfera*» ed un «*raffinato design di arredamento*», che creano «*uno spazio accogliente e confortevole, aperto fin dalle prime ore del mattino, dove passare piacevoli pause e riprendersi il proprio tempo nell'arco di tutta la giornata*»[107]. Se vogliamo con questo modello hanno trasformato i *fast food* in una sorta di *bistrot* francese, ovvero locali che possono servire tanto colazioni quanto pranzo, cena o spuntini.

Anche in **Giappone** il caffè ha avuto una grande influenza sulla società, tanto da creare specifici da una parte luoghi di aggregazione su modello dei *café* europei e dall'altra bevande e metodologie di estrazione dove appare evidente il processo di sussunzione della cultura nipponica.

I chicchi di caffè arrivarono nel paese del Sol levante tra Seicento e Settecento, grazie all'influenza olandese, come testimoniato dal termine, scritto in *katakana* (e quindi afferente ad una cultura "altra"), コーヒー, traslitterato in *romaji* come *kou-hii*.

---

[107] Le definizioni tratte dal sito ufficiale di McDonald's Italia, https://www.mcdonalds.it/il-mondo-mcdonalds/mccafe, consultato il 14 giugno 2024.

All'inizio la bevanda venne utilizzata come medicina, ma con l'apertura verso Occidente del 1853 la bevanda acquisì un nuovo *status*, facendo sì che, nel 1888, *Tsurukichi Nishimura* conosciuto anche come *Eikei Tei* aprisse a Tokyo la prima caffetteria giapponese, o *kissaten* (in *kanji* 喫茶店). Si tratta di un nuovo *format* che modifica le tradizionali sale da tè giapponesi tramite un sincretismo con l'eleganza dei café francesi, mantenendone la funzione di luogo di incontro. A questo si aggiunga la migrazione di giapponesi in Brasile per lavorare proprio nell'industria del caffè. Il successo fu rapido: nel 1935 nella sola Tokyo i *kissaten* erano già oltre diecimila! Il vero boom lo si ebbe però dopo la seconda guerra mondiale, quando nacquero le torrefazioni vere e proprie, che entrarono nei *kissaten* aumentandone numero e popolarità[108]. La concorrenza con le grandi catene come *Doutor* (nel 1980 a Tokyo ed a Osaka) o Starbucks (aperto nel 1996 a Ginza) o *McCafè* (che in Giappone è diventata insegna autonoma rispetto *McDonald's*) ne ha portato un progressivo declino o meglio una modificazione, introducendo ad esempio il concetto di caffè *"on the go"*, da consumare in strada passeggiando. Ad esempio alcuni piccoli *kissaten,* in risposta all'atteggiamento fortemente stigmatizzante nei confronti del fumo portato avanti anche da catene americane come *Starbucks* e *McCafè*, permettono di fumare[109].

Nei primi anni 2000, su influenza americana, i *kissaten* sono

---

[108] Cfr https://japanesecoffeeco.com/blogs/japanese-coffee-blog/the-history-of-coffee-culture-in-japan; https://www.agrodolce.it/che-cosa-sono-i-kissaten-giapponesi consultati il 14 giugno 2024.

[109] Cfr https://japanesecoffeeco.com/blogs/japanese-coffee-blog/the-history-of-coffee-culture-in-japan, consultato il 15 giugno 2024.

diventati più "alla moda" e si sono aperti alla digitalizzazione, ospitando i primi *internet café*. Questi negozi, nella loro essenza, integrano l'offerta gastronomica, rendendoli simili alle nostre tavole calde o ai *bistrot*, e diventando validi esempi del *food-scape*[110].

Ulteriore evoluzione del *kissaten* sono i *mangakissa* o *manga café* (マンガ喫茶), un particolare tipo di locale in cui stare consumando una bevanda calda leggendo - e discutendo - di *manga* e cultura pop in generale. Tendenzialmente offrono varie tipologie di sedute, dai classici tavolini sino ai *tatami*, pc (in una sorta di ibridazione ed evoluzione con i *net café*), ed una serie di giochi, cd, dvd, tavoli da biliardo, televisioni, ma anche *slot machine*, *mahjong* e persino lettini solari! Il loro ruolo è molto interessante dal punto di vista sociale e culturale perché allo stesso tempo assumono la funzione di spazi culturali, di spazi sociali, di creazione e diffusione della cultura pop (tipico esempio di locali portatori del *media-scape* di Appaduraj) ed anche innovatori nella produzione dei fumetti. In Giappone questo tipo di locali si differenzia dai *kissaten* "classici" dal rendere il tempo di permanenza contingentato, simile ai caffè a tempo già visti in precedenza. In questo caso l'avventore ha la possibilità di usufruire, oltre che dei servizi, anche di spazi riservati, delle speci di cubicoli personali in cui stare, volendo anche isolato dal resto degli

---

[110] Il termine deriva dalle teorie di Arjun Appadurai, che vede la globalizzazione con un flusso di panorami che si intersecano tra di loro. L'antropologo indo-americano teorizza 5 panorami: tecnologico (*techno-scape*), finanziario (*finan-scape*), etnico (*ethno-scape*), di idee (*ideo-scape*) e di simboli (*media-scape*). A questi aggiungerei il "flusso del cibo", ovverosia le mode alimentari o *food-scape*, fortemente correlato ai vettori ed ai progressi nei trasporti. Cfr Ciurleo, 2024.

avventori[111].

Altre evoluzioni sono i *Neko café*[112] che offrono ai clienti la possibilità di accarezzare ed interagire con i gatti ospitati nel locale, o i *Maid café*, con ragazze vestite da cameriere vittoriane o francesi, con uniformi decorate di pizzi ed un apposito codice di comportamento[113].

In Giappone nasce anche un particolare tipo di bevanda che, negli ultimi anni, si sta affacciando anche sul mercato italiano grazie a *brand* quali *Illy* e *Kimbo*: il caffè in lattina. Negli anni '30 Tadao Ueshima, che può essere considerato il "padre del caffè in Giappone", fondò la *UCC, Ueshima coffee co*, che pose le basi per la fondazione, negli anni '80, della *All Japanese coffee association*. Fu lui che, nel 1969, reinventò il caffè in lattina o *canned coffee* (缶コーヒー, *kan kōhī*), inserendolo nella distribuzione automatica e rendendolo così un prodotto di massa e di collezionismo grazie ad una accattivante grafica ed un design alla moda. L'assortimento è molto vario e comprende varie tipologie di bevanda, la più comune è il "caffè e latte", abbastanza dolce, ma esistono versioni a base di caffè nero, senza zucchero, aromatizzato alla nocciola o in versione freddo, e possono essere consumate sia calde che fredde.

Le prime lattine non indugiavano molto sull'aspetto grafico, ma nel corso del tempo hanno avuto una vera e propria evoluzione con edizioni

---

[111] Cfr https://web.archive.org/web/20191117002049/https://matcha-jp.com/en/2530 consultato il 18 giugno 2024.

[112] Questi particolari luoghi di ritrovo sono approdati anche in Europa negli anni '10: il primo ad aprire fu a Vienna, nel 2012, mentre a Torino ne sono nati due nel 2014.

[113] L'equivalente riservato ad un pubblico femminile è il *Butler's café*, dove i camerieri impersonano dei maggiordomi inglesi.

speciali raffiguranti personaggi *manga* e *anime*, tanto da renderle oggetti da collezione. Le prime lattine avevano una capienza di 250 ml, mentre negli anni '70 iniziano a diffondersi quelle da 190 ml, mentre in Giappone il formato americano da 350 ml non si è diffuso. La cosa forse più interessante e su cui riflettere di questo prodotto è proprio il meccanismo di vendita nei distributori automatici: in un paese dove esistono vari gradi formalità linguistici ed il sistema di *vending* permette di eliminare le interazioni sociali, e questo forse è uno dei motivi di successo di queste apparecchiature[114].

Nel **Sud Est asiatico**, in particolare in Indonesia, Malesia, Tailandia, Singapore e Brunei, invece, sono diffusi i *Kopitiam* (咖啡店 in cinese), negozi solitamente gestiti dalla comunità cinese migrata nel paese ed in cui, oltre al caffè, è possibile consumare una serie di cibi a base di uova, toast, *kaya* (una crema spalmabile a base di latte di cocco), *horlick* (una bevanda a base di latte maltato) ed altri prodotti.

In Malesia il termine designa esclusivamente i *coffe shop* gestiti da cinesi, dove poter trovare l'esclusiva cucina sino-malese, sincretismo tra le due tradizioni culinarie portata avanti dalla comunità migrante. In questi negozi, che attualmente contano un centinaio di brand operanti sul territorio nazionale, si può trovare anche il *caffè bianco Ipoh*, in cui i semi del caffè vengono tostati con margarina vegetale e la bevanda viene servita con latte condensato.

A Singapore i *kopitian* servono prevalentemente una miscela di caffè

---

[114] Cfr https://en.wikipedia.org/wiki/Canned_coffee consultato il 18 giugno 2024.

a base di robusta: la bacca infatti venne introdotta nella città nel XIX secolo dall'Indonesia dai mercanti arabi che vendevano caffè di qualità arabica per gli europei riservando la robusta, più economica, alla popolazione locale. I *kopitiam*, essendo anche loro prodotti del *food-scape*, hanno dato origine ad un vero e proprio "gergo" di ordinazione che trascende i confini nazionali, fatto di termini che vanno a sommarsi in un ordine preciso - ovvero bevanda, latte, zucchero, concentrazione e temperatura - per definire le caratteristiche proprie della bevanda ordinata. Ecco quindi un *kopi siew dai kao pua sio*, ovvero un caffè con poco latte extra spesso mezzo caldo[115].

---

[115] Cfr https://en.wikipedia.org/wiki/Kopi_tiam, consultato il 19 giugno 2024.

Dalla Moka Bialetti alla macchina espresso

Il caffè è entrato "a gamba tesa" non solo nelle nostre vite, abitudini quotidiane e nella nostra socialità, ma anche nei musei. E non solo sotto forma di *caffetteria*, ovvero di locale "accessorio" all'allestimento, dove trovare riposo dopo una lunga visita, ma anche di reperto vero e proprio. Si tratta di un processo culturale di non poco conto: se si considera "degno" di essere esposto in un museo, infatti, lo si pone ad un alto livello culturale, in alcuni casi diventa simbolo dell'identità, *in primis* italiana. D'altra parte il caffè è parte della cultura popolare. Nel volume *Italianità*, un libro molto interessante che riesce a descrivere "l'essenza" del Belpaese attraverso un sistema di simboli, prodotti e gestualità che non appartengono né al folklore né al "*trend*", la Moka è uno dei simboli dell'Italia, con la sua ritualità[116].

> «*Mia nonna mi ha insegnato, quando ero ancora piccola, che i segreti per ottenere un buon caffè sono tre: evitare che l'acqua nella caldaia superi il livello della valvola; non comprimere la polvere dentro il filtro; mescolare il liquido dentro la caffettiera a preparazione ultimata, perché quello uscito alla fine dell'ebollizione è sempre meno concentrato di quello filtrato all'inizio*»[117].

Il simbolo del caffè è quindi diventata la **Moka Express Bialetti**, inventata a Crusinallo di Omegna da Alfonso Bialetti della ditta *"Alfonso Bialetti & C. Fonderia in Conchiglia"* (industria nata nel 1919) nel 1933, e diventata icona del design italiano esposta anche al *MoMA* di New York e

---

[116] Iacchetti, 2011, p. 5.

[117] Padovani, 2011.

nella collezione permanente del *Triennale design museum* di Milano. Naturalmente dal 1933 ad oggi le caffettiere casalinghe stile Moka (che deve il suo nome dalla città yemenita di *Mokha*, una delle prime e rinomate produttrici di caffè) hanno subito vari cambi di design, ma l'archetipo è sempre quello: una struttura poligonale in alluminio ed il tipico beccuccio.

La Moka è talmente importante che ha portato ad una vera e propria rivoluzione dei consumi di caffè in Italia, permettendo di ottenere una bevanda più pulita rispetto alle classiche infusioni, utilizzando uno strumento molto pratico e dal prezzo relativamente basso. La Moka originale, quella brevettata, ha una forma ottagonale in alluminio, per aumentare la presa in caso di superficie bagnata: le imitazioni in commercio mantengono la forma di poligono regolare, con 6/10 lati, o cilindrica. La capacità varia in origine da due fino a 18 tazze, la cosiddetta *Mokina*, della capacità di una tazza, ovverosia 40 ml, è creazione molto più recente. Il funzionamento è stato preso dalla *lisciveuse*, una sorta di antica lavatrice che scaldava l'acqua in una caldaia e la faceva uscire, attraverso un camino, direttamente sui panni sciogliendo la liscivia, un detersivo economico del tempo. La leggenda vuole che Alfonso Bialetti ebbe l'idea della Moka guardando la moglie fare la *"bügàa"*, il bucato[118]. L'apparecchiatura è molto "empirica" e, a differenza di altri metodi di estrazione, non ha una ricetta ben definita tramite una *brew ratio*, ovverosia un rapporto bilanciato tra acqua e caffè. L'utilizzo di acqua sotto pressione per estrarre le sostanze aromatiche dal

---

[118] Crippa, Di Prete, 2008, p. 24.

caffè ha permesso di avere una temperatura dell'acqua di circa 90°C, ma la sua permanenza sul fuoco ed i materiali stressi della moka, particolarmente conduttivi di calore come l'alluminio, producono quasi una seconda torrefazione del caffè, rendendolo al palato abbastanza amaro ed esaltandone le note di tostato a discapito delle note acide, che risultano fortemente penalizzate, a patto di utilizzare acqua già calda. L'alluminio, e questa è una delle sue caratteristiche, grazie alla sua porosità esalta il gusto e l'aroma del caffè[119]. La moka è entrata talmente nella cultura italiana da diventare un vero e proprio standard anche sotto il profilo gustativo: caffè acidi o dalle note fruttate solitamente non vengono apprezzati se non dai cultori o dagli amanti dello *specialty*. Questo perché in genere l'italiano medio preferisce un caffè molto tostato, in bocca abbastanza corposo e dalle accentuate note amare che vengono prontamente corrette con abbondante zucchero.

Dal punto di vista del design la caffettiera sembra essere, nel suo profilo, «*la versione art decò di un corpo femminile, una delle ragioni per cui il fattore di forma è rimasto immutato nel corso degli anni*»[120], come sottolineato anche dallo stesso Bialetti che la descriveva «*stretta in vita come le signorine anni '50, con il corpo e la base ottagonale, il manico e il pomolo in bakelite e l'omino coi baffi come marchio*»[121]. Il Fascismo aiutò la diffusione di questo prodotto definendo l'alluminio "metallo nazionale" negli anni '30: il metallo incarnava i valori tradizionali dell'artigianato italico ed il suo raffinato

---

[119] Crippa, Di Prete, 2008, p. 24.

[120] Lidwell, Manacsa, 2009, pp. 120-121.

[121] Cit in Crippa. Di Prete, 2008, p. 24.

design, ancora oggi punto di forza dell'*Italian style*. Il caffè, a quei tempi, era consumato prevalentemente nei bar, e sotto forma di espresso, una bevanda veloce e - se vogliamo - futurista, prodotta da macchinari specifici, le macchine espresso appunto, con design molto complessi, voluminosi e soprattutto costosi. La *Moka Express* rappresentò in questo senso la rivoluzione, se vogliamo l'anti *Starbucks* per eccellenza, permettendo di assaporare un simil-espresso fatto in maniera domestica utilizzando apparecchiature poco costose. Con il crollo del Fascismo e l'avvento del boom economico la preparazione del caffè in casa diede accesso al rituale del caffè anche alle donne, che potevano bere la bevanda anche a casa, magari preparata dai loro mariti[122]. Una interpretazione, quella fornita da Lidwell e Manacsa, della Moka come strumento di emancipazione femminile forse un po' eccessiva e semplicistica, che parte dal presupposto della donna fortemente assoggettata al marito[123], ma di sicuro affascinante.

> *«Questa inversione dei ruoli di genere tradizionali, sia letteralmente che simbolicamente, ha reso le donne libere di esplorare altri contesti non domestici»[124].*

In effetti la Moka ha dettato i tempi delle interazioni sociali in ambito domestico: il tempo di preparazione del caffè diventa occasione di chiacchiere e pettegolezzi, una sorta di tempo "sospeso", riservato, che si

---

[122] Cfr Lidwell, Manacsa, 2009, pp. 120-121.

[123] In realtà il ruolo della donna nella società tradizionale contadina non era così subordinato come si pensa, ma la donna era depositaria di una serie di ortoprassi, occupandosi del riciclo, anche simbolico, degli avanzi. Siano essi avanzi di cibo che avanzi di tradizione. Cfr Ciurleo, 2014.

[124] Lidwell, Manacsa, 2009, p. 120.

consuma nell'intimità dell'ambiente domestico della cucina. Il caffè con la Moka, infatti, va seguito. Questo ha fatto sì che lo strumento entrasse anche nella "mitologia" italiana, con tanto di piccoli e grandi riti casalinghi e familiari che si perpetrano, trasformando l'apparecchiatura domestica in una sorta di feticcio a cui dedicare una vera e propria ortoprassia ritualizzata nella sua cura. Iniziando dalla preparazione e dal livello di acqua nella caldaia, che secondo le istruzioni deve essere al di sotto della valvolina (nelle istruzioni troviamo l'esatta dose di acqua in caldaia e quanto caffè viene prodotto: ad esempio per una moka da 2 tazze si usano 103 ml di acqua che producono 90 ml di bevanda, l'equivalente di due tazze abbondanti[125]), per poi aggiungere la polvere di caffè nell'imbuto. E qui iniziano le prime ritualità: c'è chi fa la "montagnetta" e chi pressa leggermente la polvere. Si tratta però, in entrambi i casi, di due errori tecnici (almeno secondo le tecniche di *sommellerie*, perché le due azioni possono creare il cosiddetto *channeling*, ovverosia una errata estrazione del prodotto). Esistono anche differenti scuole di pensiero su come tenere il coperchio della caffettiera (chiuso o aperto, quest'ultima soluzione permette di avere una estrazione meno annacquata, evitando che il vapore si condensi all'interno del bricco allungando la bevanda) e su quando spegnere il fuoco (a estrazione terminata, quando cioè il caffè inizia a spruzzare, oppure a metà estrazione, per evitare di surriscaldare il prodotto). Secondo le istruzioni della casa costruttrice la Moka non va lavata con detersivi o materiali

---

[125] Cfr le istruzioni della Moka Bialetti originale, reperibili sul sito: https://www.bialetti.com/media/manual/caffettiere/MOKA_EXPRESS-manual.pdf

abrasivi (e per questo non è idonea alla lavastoviglie[126]), mentre il caffè dopo l'estrazione va mescolato, per darne uniformità di estrazione.

Anche il *marketing* della *Moka Express Bialetti* è stato molto importante e complice del suo successo: la macchina che *"fa l'espresso come al bar"* (questo lo slogan originale) viene pubblicizzata da un testimonial d'eccezione, Renato Bialetti, il cosiddetto "Omino coi baffi", famoso per la sua versione cartone animato durante Carosello. Renato prese le redini dell'azienda nel 1946 ed avviò la produzione delle caffettiere su scala industriale. Proprio questa sua enorme presenza mediatica contribuì in maniera molto forte al successo della Moka, arrivando a soppiantare nel giro di pochi anni la caffettiera Napoletana, più casalinga. Nel 1953 il pubblicitario Paul Campani con l'agenzia Orsini di Novara creò le prime caricature di Renato, caratterizzando il personaggio con le lettere dell'alfabeto in sequenza sulla bocca, in perfetta sincronia con il parlato. Il logo riproduce *«un uomo ben vestito con i baffi, un dito alzato nell'atto di ordinare un altro caffè»*[127] e nella versione animata venne doppiato da Raffaele Pisu, che creò il "tormentone" *«Sì, sì, sì… sembra facile fare un buon caffè»*. Nelle pubblicità del tempo, anche cartacee, si sottolineano subito due aspetti fondamentale della preparazione del caffè con la Moka: la velocità e la semplicità d'uso. Si tratta di un *trend* che verrà ripreso anche in tempi molto più moderni con le macchine *Nespresso*, l'azienda che negli anni '80 ha inventato il sistema a capsule.

---

[126] La spiegazione è prettamente chimica: il detersivo, contenendo idrossido di sodio (soda caustica) che attacca lo strato protettivo del metallo provocandone una immediata corrosione, normalmente evitata dallo strato di ossido che si forma a contatto con l'aria o mediante il processo di anodizzazione.

[127] Lidwell, Manacsa, 2009, p. 120.

Renato Bialetti, ritiratosi a vita privata nel 1986, morì nel 2016. La sua salma venne cremata e le ceneri deposte proprio in una caffettiera Moka[128].

Il successo di questo strumento è quindi molteplice e da imputare a varie cause tra cui

> *«la caduta del fascismo, la crescita delle teorie egualitarie, il potere della pubblicità ed il desiderio della famiglia media italiana di potersi guastare una tazza di buon caffè a casa propria»*[129].

Ad Omegna, patria della Bialetti, esiste il "Museo delle arti e dell'industria", presso l'area del Forum[130], che sorge nell'area dismessa dell'acciaieria Cobianchi. Si tratta di una esposizione dedicata al mondo del casalingo, un distretto industriale particolarmente importante per Omegna e per il Cusio: basti pensare che, negli anni d'oro, nell'area avevano sede industrie del calibro di Lagostina, Bialetti, Girmi ed Alessi.

Nelle collezioni permanenti del museo omegnese trovano spazio anche i giocattoli della *Nuova Faro* (acronimo di Fonderia Alluminio Ruschetti Omegna), azienda nata negli anni '40 a Germagno, in Val Strona poco sopra Omegna, su iniziativa del cavalier Remo Ruschetti. La produzione si concentrò, a partire dagli anni '50, sulla riproposizione in miniatura di utensili da cucina, che documentano storicamente usi e costumi che hanno preceduto la meccanizzazione della preparazione dei cibi. Si tratta di utensili pensati "per la donna di casa", rivolte quindi ad

---

[128] Cfr https://www.ilpost.it/flashes/bialetti-cremato-moka/ consultato il 5 giugno 2024.

[129] Lidwell, Manacsa, 2009, pp. 120-121.

[130] http://www.forumomegna.org/index.php. consultato il 18 giugno 2024.

un pubblico femminile che tramite l'imitazione imparava ad assumere il suo ruolo in società. Si tratta di un cambiamento abbastanza rilevante rispetto al mondo tradizionale, dove le fanciulle erano incoraggiate a giocare con le *pigotte*, bambole che sviluppano l'aspetto di accudimento: la cucina, connessa in qualche modo alla sessualità, era attività riservata alle adolescenti[131]. L'azienda ebbe subito un grande successo mondiale, tanto che le maggiori commesse per l'azienda giungevano dall'America, da dove la ditta riceveva ordini per servizi in alluminio, piccole teiere e servizi di tazzine miniaturizzate destinate gli alunni delle scuole[132].

L'avvento della modernizzazione e dell'elettrificazione ha portato, grazie alla *Girmi*[133] ad esempio, ad una innovazione tecnologica che ha coinvolto anche il mondo del caffè ed i suoi rituali domestici: nel 1956 viene messo in commercio il *Mokaro*, uno speciale macinacaffè che entrerà, durante il *boom ecomonico*, in quasi tutte le case italiane.

Negli anni '70 e 80 del Novecento sarà invece il *design* a cambiare il mondo, sia quello casalingo del consumo del caffè che quello del ruolo dell'architetto, con il progetto *"Tea & Coffee Piazza"* di Alessandro Mendini per Alessi. In questo caso si è iniziato a ragionare "fuori scala":

---

[131] A tal proposito si rimanda a Crepaldi, 2014.

[132] Cfr Crippa, Di Prete, 2008, pp. 42-45.

[133] Azienda omegnese nata nel 1919 come Cooperativa La Subalpina, specializzata nella produzione di casalinghi ed articoli per profumerie e parrucchiere. Al termine della seconda guerra mondiale l'azienda si dedicò alla produzione di piccoli elettrodomestici realizzando, nel 1954, il primo frullatore italiano. Nel 1957 nasce il frullatore Girmi, crasi di "Gira e miscela", che nel 1971 darà il nome alla ditta, che diverrà Girmi spa. Verrà rilevata da Bialetti nel 2004, per poi essere rilevata nel 2015 da Trevi. Nel 2024 viene iscritta nel Registro speciale Marchi storici di interesse nazionale. Cfr https://it.wikipedia.org/wiki/Girmi, consultato il 18 giugno 2024.

gli architetti passano dalla progettazione di edifici a realizzare servizi da
tè e caffè, come spiegato dallo stesso Mendini:

> *«nel paesaggio domestico i casalinghi sono una delle presenze e delle
> categorie essenziali [...]. Il loro esito formale consiste nell'essere [...]
> piccoli volumi e superfici preziose e pulite, messe in relazione a formare a
> loro volta delle piccole composizioni complesse e articolate, una sorta di
> urbanistica, di morfologia da tavolo e da buffet»*[134].

Questa serie, che vide coinvolti gli architetti Michael Graves, Aldo
Rossi, Hans Hollein, Charles Jencks, Richard Meier, Paolo Portoghesi,
Stanley Tigerman, Oscar Tusquets, Robert Venturi e Kazumasa
Yamashita, ebbe come conseguenza la crescita internazionale
dell'immagine di Alessi, tramite il marchio *Officine Alessi*, che diverrà uno
dei capi saldi del *design* italiano.

Nel 1979 la caffettiera *"9090"* di Alessi, progettata da Richard
Sapper, vince il Compasso d'oro, creando un prodotto sicuro che non
potesse esplodere, grazie ad una chiusura ad Y. Alessandro Mendini,
nella sua opera *Paesaggio casalingo*, la descrive così:

> *«la base, più larga che nelle normali caffettiere, è dotata di parafiamma e
> permette una più veloce risalita dell'acqua, il beccuccio poco emergente è
> tagliato piatto e versa il caffè senza gocciolare, il sistema di chiusura a
> scatto è determinato dal manico lungo e tutto in acciaio
> antisdrucciolo»*[135].

Questa forma con una base molto più ampia, evita che il manico si
surriscaldi e permette alla caffettiera di essere aperta anche con una sola
mano, grazie ai due elementi che non avvitano ma sono congiunti con un

---

[134] Cit in Crippa, Di Prete, 2008, p. 74.

[135] Cit in Crippa, Di Prete, 2008, p. 84.

meccanismo a scatto.

Tra gli anni '80 e la fine del secolo si assiste ad una ulteriore innovazione nel campo delle caffettiere: nacquero macchine per ottenere un caffè come al bar, ma anche strumenti che rappresentavano una valida alternativa alla più tradizionale caffettiera elettrica o da fornello perché velocizzavano il processo per ottenere la bevanda, conferendole un'aroma più intenso, simile ad un ristretto.

La Lagostina produsse la *"Caffettiera Accademia"*, dove le forme diventano più morbide, dalla sezione poligonale si passa ad un cono, mentre il manico diventa triangolare e richiama il beccuccio, creando anche una serie di utensili coordinati in alluminio fuso colorati con polveri epossidiche o resine fenoliche. L'Accademia rappresenterà anche il ritorno dell'alluminio come materiale di produzione, dopo un periodo in cui tutti invece producevano caffettiere in acciaio come la *"Piramidale"* di Calderoni, *"La Cupola"* o *"La Conica"* di Alessi. Quest'ultima, nata nel 1984 su progetto di Aldo Rossi, diventa una «*microarchitettura domestica*», aggregando i tre volumi geometrici elementari (cilindro, cono e sfera): prodotta in acciaio 18/10 con un pesante fondo in rame, prende probabilmente il nome dalla forma del suo coperchio, anche se non mancano interpretazioni che la vedono senza spazio tra parola ed articolo, trasformandola in "laconica", ovverosia breve, concisa.

Le evoluzioni di *design* della caffettiera si concentrarono nel periodo tra il 1979 ed il 1987, e non interessarono solo la Moka. Riccardo Dalisi, architetto ed artista napoletano, sviluppò uno studio per la realizzazione di una *cuccuma*, realizzandone duecento prototipi in latta, quasi tutti funzionanti, definiti:

«Oggetti teatranti, magiche presenze nel rito domestico e quotidiano del caffè, evocativi richiami al mito di Napoli e ai suoi eroi, tragicamente maschere, solitari Pulcinella»[136].

Il lavoro di Dalisi, che nel 1981 ricevette il Compasso d'oro, sfociò in un progetto, finanziato da Alessi, che si trovava a mettere in discussione il rituale napoletano del caffè. Molti i rischi a cui l'azienda omegnese è andata incontro producendola a partire dal 1987, ad iniziare proprio dal mercato, quello della *cuccuma*, poco diffusa al di fuori di Napoli o delle comunità napoletane di migranti. Inoltre la collaborazione Dalisi - Alessi porterà allo scardinamento di un altro elemento fondativo della Napoletana: il materiale, che dalla latta passerà al più resistente acciaio.

La Moka ha avuto le sue ultime evoluzioni nel nuovo millennio, grazie anche all'approdo di Girmi nel gruppo Bialetti, rispondendo alle nuove esigenze del mercato. Esigenze da una parte di design, come ad esempio i modelli *"Dama nuova"* e *"Dama Decò"* del 2005, ma anche ai nuovi gusti di consumo della bevanda. Accanto al caffè casalingo della Moka si affiancano sempre più persone che vogliono prodotti studiati appositamente per i surrogati, come ad esempio la caffettiera *"Zera"*, studiata per il caffè d'orzo all'italiana, o che permettono di ottenere una crema come al bar, come ad esempio la *"Brikka elite"*.

Alfonso Giannoni, nel 2004, studia il design di un altro caposaldo Bialetti: la **"Mukka Express"**. Si tratta di una particolare caffettiera che risponde all'esigenza domestica di preparare un cappuccino come al bar. Il segreto del suo successo è la comodità: si carica come una classica

---

[136] Crippa, Di Prete, 2008, p. 83.

Moka e permette di avere un buon risultato anche senza avere attrezzature specifiche e costose o abilità tecniche ad esempio nel montare il latte con la lancia vapore.

Il *restyling* della Moka era iniziato già nel 2001, quando i giovani designer Giulio Iacchetti e Matteo Ragni avevano studiato e progettato una caffettiera *"Amerikana"*, con sommità trasparente per verificare l'uscita del caffè. Sarà però nel 2005 che il progetto di revisione del design avrà la sua piena realizzazione, con un prodotto dalle linee più morbide nel manico, nel pomolo e nel coperchio, con un'elegante finitura lucida e maggior visibilità per "l'Omino coi baffi"[137].

Oltre alla Moka anche la **macchina del caffè espresso** è stata musealizzata, ad esempio nel *MuMAC, Museo della macchina del caffè*, con sede a Milano, descritto dal suo sito come una

> *«collezione con centinaia di macchine per caffè espresso e luogo di formazione per professionisti e appassionati; una delle più ricche raccolte di documenti sul caffè e location poliedrica per eventi unici»[138].*

L'invenzione della macchina per espresso risale al torinese Angelo Moriondo, che la inventò in occasione dell'Expo 1884 di Torino, brevettandola il 16 maggio dello stesso anno. Successivamente, nel 1927, un altro brevetto per la fabbricazione industriale di una macchina da caffè venne presentato da Angelo Toriani per poi arrivare al 1933 quando, questa volta a Milano, fu depositato il brevetto di Antonio

---

[137] Cfr Crippa, Di Prete, 2008, pp. 91-95.

[138] Tratto dal sito http://mumac.it, consultato il 14 giugno 2024.

Cremonese di un *«rubinetto a stantuffo per macchina da caffè espresso»*. Questo brevetto venne acquistato dal barista Achille Gaggia, che lo migliorò dando inizio alla produzione industriale delle macchine espresso, le cui caratteristiche, a quasi 100 anni di distanza, rimangono pressoché immutate. La diffusione di massa di questa apparecchiature, dapprima riservate ai bar ed installate nei locali commerciali già a partire dal 1902 grazie all'invenzione di Giuseppe Bezzera, avvenne nel secondo dopoguerra, quando progressivamente arrivò a conquistare anche il mercato domestico.

L'estrazione del caffè tramite questo procedimento è molto semplice, veloce e standardizzata: la macchina eroga acqua ad una temperatura intorno ai 96°C con una pressione di circa 9 bar, che deve attraversare un panetto di 7-9 grammi di caffè macinato finissimo e compattato con una pressione ortogonale dall'alto verso il basso di circa 15 kg, per un tempo di percolazione di circa 27".

Nei pressi di Milano, precisamente a Binasco, il gruppo Cimbali, per festeggiare il suo secolo di attività, ha costruito nel 2012 il **MuMac**, il Museo della macchina per caffè. La costruzione è opera dell'architetto Paolo Balzanelli, che ha rinnovato completamente l'area dell'azienda riservata al magazzino ricambi, decorando l'esterno con doghe metalliche rosse (il "rosso Cimbali" che richiama le macchine del caffè), con un area interna di 1700 metri quadri. Il pavimento, di colore seppia, è un richiamo al colore del caffè, mentre l'illuminazione viene garantita da una serie di lucernai che rischiarano i soffitti e le pareti bianche in contrasto. La costruzione, considerata uno dei 101 edifici più belli del mondo secondo la casa editrice Jtart, ospita la collezione di Enrico

Maltoni e della Cimbali. L'ambiente espositivo ricrea, grazie ai reperti, l'evoluzione del bar nel XX secolo, tra le prime macchine, simili a dei *samovar* russi, passando per le macchine espresso a leva, spaziando dai banconi in stile *liberty* ai bar di paese degli anni '60, sino ai più moderni ed iconici oggetti di *design*, come la macchina per espresso *Pitagora* di Achille Castiglioni[139].

In particolare il MuMac illustra l'innovazione portata dalla Cimbali nella tecnologia estrattiva dell'espresso: la "leva".

> *«La tensione verso l'innovazione funzionale permette a LaCimbali di adottare nel 1950 per la prima volta la tecnologia a leva che consente l'erogazione di un espresso con la crema. Il successo de La Gioiello (nomen omen!) è innegabile: l'espresso con la crema conquista il mercato italiano, anche sulla scia del boom economico, e guarda ai mercati esteri. La tecnologia a leva, per quanto rivoluzionaria, è però faticosa e rischiosa. Per questo motivo LaCimbali nel 1955 lancia il modello Granluce, prima macchina da caffè dotata di sistema idraulico, tecnologia capace di ovviare agli inconvenienti della leva senza però sacrificare nulla in termini di qualità del prodotto erogato e che permette di azzerare i rischi e ridurre la fatica fisica nel preparare un buon caffè»[140].*

Il museo Cimbali, come quello Lavazza, diventa auto-rappresentazione dell'azienda, luogo di diffusione del *brand* - con cui vi è una identificazione pressoché completa già dall'esterno, con le fasce metalliche rosse che richiamano alla "carrozzeria" delle più iconiche macchina del caffè Cimbali - e soprattutto luogo di innovazione e sperimentazione

---

[139] Cfr https://it.wikipedia.org/wiki/Museo_della_macchina_per_caffè, consultato il 17 giugno 2024; https://www.mumac.it, consultato il 10 giugno 2024.

[140] https://www.mumac.it/la-storia, consultato il 17 giugno 2024.

«[…] dall'inaugurazione ad oggi il museo è diventato asset di comunicazione strategica per il Gruppo e i suoi brand, si è trasformato in un punto di riferimento per un pubblico eterogeneo, grazie alle sue iniziative, aperture ed eventi dedicati non solo agli stakeholder ma anche ad un pubblico di appassionati, famiglie e studenti.

E la crescita è continua, grazie a nuove macchine inserite in esposizione, ad acquisizioni di complementi unici come la bicicletta Faema che cavalcò Guido Reybrouck vincendo tre titoli negli anni '60, e allo sviluppo di strumenti innovativi per scoprire al meglio il museo, come la APP audioguida MUMAC disponibile in 10 lingue»[141].

---

[141] https://www.mumac.it/la-storia, consultato il 17 giugno 2024.

Musealizziamo il caffè

La bevanda, come visto, è entrata a pieno titolo nelle collezioni museali. Ad esempio, ad Istanbul, presso il **Museo delle arti turche e islamiche**, esiste un vero e proprio allestimento in cui i visitatori possono apprendere come preparare il caffè alla turca nella maniera più corretta possibile, ottenendo anche un attestato. E, naturalmente, il caffè è stato protagonista anche di **Expo 2015**, con un *cluster*[142] dedicato e sponsorizzato dall'azienda *Illy* di Trieste (e Trieste è *città del caffè* proprio dal 2015), che ha fatto le cose in grande. Oltre ad aver esposto una serie di foto d'autore relativo al ciclo del caffè (precisamente le mostre *Profumo di sogno* di Sebastião Salgado e *L'energia delle idee* curata dall'Università Bocconi di Milano) c'era la possibilità, prenotando, di usufruire di un *tour* multimediale, in realtà aumentata. Grazie a degli occhiali 3d collegati ad un paio di cuffie è stato creato un viaggio nel mondo della produzione di questa bacca utilizzata per la preparazione dell'aromatica bevanda[143]. Il *cluster* del caffè di Expo è stato allestito come

> *«un viaggio nella storia del caffè, tra presente, passato e futuro, una riflessione sul concetto di caffè in relazione ai suoi molteplici significati*

---

[142] I cluster ad Expo sono stati una novità nell'ambito delle esposizioni internazionali: i Paesi partecipanti non sono stati raggruppati in padiglioni collettivi su base geografica, quanto piuttosto su identità tematiche e filiere alimentari. Ad Expo 2015 c'erano 9 cluster: sei dedicati alle filiere alimentari (caffè, cioccolato e cacao, riso, spezie, frutta e legumi, cereali e tuberi) e tre a tematiche specifiche dell'alimentazione (bio-mediterraneo, agricoltura e nutrizione nelle zone aride, Isole mare e cibo). Cfr Morellini, 2015, pp. 59-64.

[143] cfr Ciurleo - Piana, 2016, pp. 89-90.

sociali, storici e culturali»[144].

Il suo *concept* architettonico è un richiamo alle foreste pluviali centro americane e africane, con una copertura che rimanda alle chiome degli alberi ed il pergolato ideato per giocare volumetricamente su luce e controluce.

L'area, di circa 4.500 metri quadri affacciati sul Decumano, era contraddistinta da otto padiglioni, con una copertura a pannellatura di legno ed una pavimentazione colorata sui toni del marrone. Dieci i paesi che esponevano, ognuno con una tematica legata al caffè: precisamente c'erano i padiglioni di Burundi (*A Discovery of the five senses: Burindi* - Alla scoperta dei cinque sensi), El Salvador (*Quality and diversity of coffee: Sustinable and competitive* - Qualità e varietà del caffè all'insegna della produzione sostenibile e competitiva), Etiopia (*Ethipia the root of coffee and much more* - Etiopia: le radici del caffè e molto altro), Guatemala (*The heart of the Mayan world* - Il cuore del mondo Maya), Kenya (*The masterpiece of the planet puzzle* - Il capolavoro del puzzle del pianeta), Repubblica Dominicana (*Empowering family farmers so they can feed themselves, their community, and the world* - Rendere le famiglie di agricoltori capaci di nutrire loro stesse, le loro comunità e il mondo), Ruanda (*Coffee Journey to a prosperous land of a thousand hills* - Il viaggio del caffè nella prospera terra dalle mille colline), Timor Est (*The tale of the Timorese coffee farmer* - Il racconto del produttore di caffè di Torno Est), Uganda (*Enhancing food security with coffee* - Aumentare la sicurezza alimentare con il caffè) e Yemen (*Mocha coffee and sidr honey, Yemen's gift to the world* - Il caffè Mocha ed

---

[144] Expo, 2015, p. 234.

il sidro di mele: due doni dello Yemen al mondo).

Partner ufficiale dell'area era l'azienda triestina Illy caffè, mentre il ruolo di direttore fu assunto dal *business development executive director*, Roberto Morelli[145]. La visita del padiglione era molto suggestiva ed ha utilizzato tutti gli strumenti della moderna museografia per rendere il *cluster* particolarmente attrattivo[146].

A Torino invece nel 2018 è stato inaugurato costruito, nel complesso direzionale della Nuvola[147], il **Museo Lavazza**. L'allestimento si articola in cinque aree, con installazioni interattive ed emozionali, che permettono al visitatore di effettuare un viaggio a tutto tondo alla scoperta del mondo del caffè. La prima area è dedicata a *Casa Lavazza*[148], ovverosia alla storia della famiglia e dell'azienda, mentre la

---

[145] Cfr https://it.wikipedia.org/wiki/Cluster_dell'Expo_2015#Caffè, consultato il 17 giugno 2024.

[146] Cfr Ciurleo - Piana, 2016.

[147] L'area sorge nel quartiere Aurora, nella VII Circoscrizione del capoluogo piemontese ed ha al suo interno, oltre al museo, la sede direzionale dell'azienda, un'area archeologica, l'archivio storico, un ristorante, un bistrot, uno spazio eventi, una palestra riservata ai dipendenti ed una piazza giardino che funge da punto di contatto tra i vari elementi. Il progetto è stato fatto dallo studio di architettura Ciro Zucchi e si estende su un'area di 30mila metri quadri. Cfr https://it.wikipedia.org/wiki/Nuvola_Lavazza, consultato in data 16 giugno 2024.

[148] *«Questo è il luogo e l'attimo in cui tutto comincia. Il percorso museale inizia da Casa Lavazza, uno spazio intimo e familiare, dove si ripercorrono le tappe principali che hanno segnato gli oltre 120 anni di storia dell'azienda. È con 50 Lire, il costo di un abito di sartoria, che inizia una delle più grandi avventure imprenditoriali del nostro Paese».* Cit in https://www.lavazza.it/it/museo-lavazza/scopri-il-museo.html, consultato il 18 giugno 2024.

seconda, denominata *La Fabbrica*[149], è dedicata ai suoni, ai colori ed agli aromi dei caffè, dalle piantagioni alla raccolta alle modalità di produzione e di distribuzione delle diverse varietà. Nella terza area, denominata *La Piazza*[150], il museo affronta la tematica del *design*, con le diverse macchine per caffè e metodi di estrazione; la quarta, *L'Atelier*[151], è dedicata al mondo della pubblicità, con le varie campagne di Carosello, le scenografie ed i testimonial ed uno spazio interattivo. Infine l'ultima area, *L'Universo*[152], permette al visitatore un'immersione a 360° nelle diverse ambientazioni relative al mondo del caffè.

Il museo è dotato di pannelli, schermi luminosi e sonori ed altre installazioni tecnologiche, che attraverso una speciale tazzina di caffè, la

---

[149] *«La Fabbrica è lo spazio dedicato ai processi della produzione del caffè: dalla piantagione, alla raccolta del caffè, fino all'arrivo a Torino dove i chicchi vengono tostati e macinati ad arte. È qui che avviene la magia della miscela perfetta. Scopri il viaggio del caffè Lavazza».* Cit in https://www.lavazza.it/it/museo-lavazza/scopri-il-museo.html, consultato il 18 giugno 2024.

[150] *«La Piazza è il luogo che celebra il rito del caffè in un ambiente aperto e conviviale, che ricorda una tipica piazzetta italiana degli anni Sessanta. È il punto dove i rituali, la visione e le icone di Lavazza si incontrano e dialogano armoniosamente tra loro».* Cit in https://www.lavazza.it/it/museo-lavazza/scopri-il-museo.html, consultato il 18 giugno 2024.

[151] *«Uno spazio unico che ricorda un set cinematografico con le sue immagini e installazioni. È qui che i visitatori più piccoli possono frequentare i laboratori didattici, gli adulti ritrovare alcuni personaggi iconici dell'infanzia, i mitici Caballero e Carmencita, protagonisti degli indimenticabili anni di Carosello della tivù italiana e ammirare la storia dei calendari Lavazza: realizzati in collaborazione coi più celebri fotografi mondiali».* Cit in https://www.lavazza.it/it/museo-lavazza/scopri-il-museo.html, consultato il 18 giugno 2024.

[152] *«Immergiti nello spazio onirico dell'Universo Lavazza: scopri l'esperienza multimediale a 360° e vivi in maniera personalizzata il mondo Lavazza attraverso l'uso della Lavazza Cup che ti accompagna durante la visita».* Cit in https://www.lavazza.it/it/museo-lavazza/scopri-il-museo.html, consultato il 18 giugno 2024.

Lavazza cup, consegnata all'ingresso, permettono al visitatore di essere coinvolto ed interagire attivamente durante la visita attraverso storie, curiosità ed aneddoti, che possono essere usufruite anche online[153].

La musealizzazione del caffè non passa solo nel trasformare gli oggetti della sua preparazione in reperti, ma anche, e forse ancora di più, dalla linguistica. Sono infatti molti i modi di dire e gli aforismi che interessano questa bevanda.

Come sostiene Erri De Luca *«a riempire una stanza basta una caffettiera sul fuoco»*, sottintendendo proprio l'aspetto di rituale casalingo dato dallo sprigionarsi dell'aroma del caffè nelle stanze domestiche.

In *slang* statunitense una tazza di caffè viene definita "**a cup of Joe**", frase che sembra risalire ad inizio Novecento, pronunciata dal segretario della Marina Josephuis Daniels nell'intento di tenere i soldati lontano dagli alcolici.

Nel 1914 venne emanato l'ordine 99 che vietava la vendita di bevande alcoliche sulle navi della Marina Militare, ma i soldati necessitavano di qualche sostanza che li tenesse svegli: il caffè appunto. La locuzione deriverebbe proprio dal nome dell'ammiraglio che promosse ed incentivò il consumo di caffè al posto dell'alcool.

La storia, però, sembra poco attendibile, perché ai soldati veniva sì in passato garantita una razione d'alcool, ma questa era stata già bandita anni prima dell'ordine 99. Sembra che questa locuzione entrò nel linguaggio comune a partire dal 1930 e che Joe non facesse riferimento ad una persona (anche se Joe nello *slang* USA indica l'americano medio)

---

[153] Cfr https://www.lavazza.it/it/museo-lavazza/scopri-il-museo.html e https://it.wikipedia.org/wiki/Museo_Lavazza, consultati il 18 giugno 2024.

quanto all'abbreviazione del termine *jamoke,* fusione di *java* e *mocha,* due tipologie di caffè[154].

[154] Cfr https://www.davesamericanfood.com/perche-una-tazza-di-caffe-negli-usa-e-a-cup-of-joe/ consultato il 10 giugno 2024.

La bottega del caffè

Una delle opere teatrali più celebri a tema caffè è senza dubbio **La bottega del caffè** di **Carlo Goldoni**, scritta nel 1750.

Tralasciando gli aspetti della trama, la classa commedia goldoniana, già dalla prima scena, nel dialogo tra il garzone Trappola e il proprietario della bottega Ridolfo, si mettono in evidenza alcune tematiche socio-antropologiche su questa bevanda.

> «RID: *Animo, figliuoli, portatevi bene, siate lesti, pronti a servir gli avventori con civiltà, con proprietà: perché tante volte dipende il credito di una bottega, dalla buona maniera di quei che servono.*
>
> TRAP: *Caro signor padrone, per dirvi la verità, questo levarsi di buon ora non è niente affatto per la mia comprensione.*
>
> RID: *Eppure bisogna levarsi presto. Bisogna servir tutti. A buon'ora vengono quelli, che hanno da far viaggio. I lavoranti, i barcaruoli, i marinaj, tutta gente, che si alza di buon mattino.*
>
> TRAP: *È veramente una cosa, che fa crepar da ridere, vedere anche i facchini venir a bevere il loro caffè.*
>
> RID: *Tutti cercano di fare quello che fanno gli altri. Una volta correva l'acquavite, adesso è in voga il caffè.*
>
> TRAP: *E quella signora, dove porto il caffè tutte le mattine, quasi sempre mi prega che io le compri quattro soldi di legna, e pur vuol bevere il suo caffè.*
>
> RID: *La gola è un vizio che non finisce mai, ed è quel vizio che cresce sempre di più, quanto più l'uomo invecchia.*
>
> TRAP: *Non si vede venir nessuno a bottega; si poteva dormire*

un'altra oretta.

RID: *Or ora verrà della gente; non è poi tanto di buon'ora. Non vedete? Il barbiere ha aperto, è in bottega lavorando parrucche. Guarda, anche il botteghino del giuoco è aperto.*

[…]

RID: *Oh, via, andate a tostare il caffè, per far una caffettiera di fresco.*

TRAP: *Gli metto gli avanzi di ieri sera?*

RID: *No, fatelo buono.*

TRAP: *Signor padrone, ho poca memoria. Quant'è che avete aperto bottega?*

RID: *Lo sapete pure: saranno circa otto mesi.*

TRAP: *È tempo di mutar costume.*

RID: *Come sarebbe a dire?*

TRAP: *Quando si apre una bottega nuova si fa il caffè perfetto. Dopo sei mesi al più, acqua calda, e brodo lungo. (Parte)*

RID: *È grazioso costui, spero che farà bene per la mia bottega; perché in quelle botteghe, dove vi è qualcheduno che sappia fare il buffone, tutti corrono»*[155].

Il primo elemento interessante è dato dall'orario in cui si apre la bottega e la tipologia di clientela a cui si rivolge. Di buon ora, infatti, ci sono le classi di lavoratori più povere, quelle che si alzano presto ed hanno bisogno di un buon caffè corroborante per iniziare la giornata. Oppure le persone che stanno intraprendendo un viaggio. Una

---

[155] Goldoni, 1750, Atto I, Scena 1.

tradizione, questa, che in molte città, soprattutto di confine, è rimasta. Si pensi ad esempio a Domodossola, con molti locali che aprono alle 4 del mattino proprio per servire il popolo dei frontalieri. Oppure ai bar delle stazioni.

Il diffondersi del caffè tra tutte le fasce più povere, come appare evidente dal discorso di Trappola, è spesso visto con diffidenza, quando non addirittura come un qualcosa di ridicolo, segno evidente di un tentativo di raggiungere uno *status* che non appartiene loro. Come la vecchietta che, prendendo il caffè, tenta di vendere la propria legna a Trappola.

Interessante è anche la qualità e le piccole "truffe" a cui si andava incontro da parte dei baristi stessi. Trappola, figura molto pratica, suggerisce di usare prodotti di scarto, allungando la bevanda con caffè già estratto perché il prodotto di qualità serve a farsi conoscere all'inizio, poi il calo della qualità è quasi "fisiologico", perché tanto la gente non se ne rende conto. Un discorso, questo, che - lungi dalle frodi o dalle sofisticazioni alimentari - è ancora oggi in uso: spesso nei bar il caffè proposto non è di alta qualità, proprio perché, per la sua relativamente alta redditività, che si aggira intorno al 10-15%, si tende a risparmiare sui costi, sfruttando anche la poca conoscenza che, soprattutto in Italia, c'è di questa matrice alimentare[156].

---

[156] Purtroppo tra i consumatori italiani non c'è quasi interesse per conoscere la provenienza della bevanda e le sue caratteristiche organolettiche, poiché si è sviluppato un gusto che predilige bevande molto tostate con fortissime note amare e poche note dolci ed acide. L'ignoranza, però, è spesso riscontrabile anche nello stesso barista che, a domande precise quali tipologia di caffè utilizzato, grado di tostatura, provenienza del caffè e metodo di preparazione (lavato o naturale) spesso non è in grado di fornire informazioni esaurienti.

Infine Ridolfo, il titolare della bottega, mette in evidenza, nell'ultima battuta riportata in conclusione della scena, una delle caratteristiche fondamentali per la buona riuscita di un bar, che trascende la qualità dei prodotti: il ruolo del barista (o del commesso). Come visto l'aspetto sociale è insito nell'essenza stessa del *cafè*, ormai sinonimo di socialità, come visto precedentemente. È la figura del "sacerdote" di questo rito, che riesce a gestire e coordinare i vari aspetti della conversazione, riuscendo a stemperare gli eventuali attriti che si possono creare, a fornire informazioni di "servizio" come ad esempio orari e posizione delle fermate dei mezzi pubblici, e diventare anche confidente con i clienti più affezionati, con cui si sviluppa un vero e proprio grado di intimità rappresentato anche nel semplice ordine (*«Il solito, grazie!»*).

La commedia di Goldoni ebbe una grande fortuna tanto che venne trasposta in opera lirica già nel 1807, con *Il maldicente, ovvero la bottega del caffè,* di Stefano Pavesi, e poi nel 1925 in *Tre commedie goldoniane* di Gian Francesco Malipiero. Nel 1969 il drammaturgo tedesco **Rainer Werner Fassbinder** ne metterà in scena una sua versione più cupa e dall'atmosfera lugubre, dal titolo *Des Kaffehaus*[157]. Il drammaturgo tedesco, come nel suo stile, trasfigura la piazzetta veneta, luogo di ozio e combutte, rileggendola in chiave moderna, diventando un locale quasi malfamato, un piano bazar

> *«cristallizzato e involgarito dove entrano in sempre effimero contatto tra loro soggetti privi di mordente, lenoni e donne oppresse, piccoli avventurieri*

---

redenti, boccaloni con infanzia difficile, scipiti profittatori»[158].

La frenesia settecentesca sparisce, e la Bottega diventa una sorta di "*zattera post-moderna*", in cui i protagonisti, cinici, posso acquistare o essere acquistati, ed i personaggi si trasfigurano alla luce dell'evoluzione socio-culturale. Trappola, da figura macchiettistica, diventa un *barman* paterno, un confessore, sotto certi aspetti figura più positiva rispetto a Ridolfo. I nove protagonisti, per la maggior parte del tempo, se ne stanno immobili, seduti, con pochissime occasioni di movimento, tra cui un cerimoniale di saluto[159].

> *«RID: Trappola, ti devi lavare i piedi, puzzano. La tua buffoneria piace ai miei clienti, ridono volentieri di altri. Ma odiano gli odori, ad esclusione del proprio.*
>
> *TRAP: Mi ferisca pure, se lo può permettere, paga per farlo. Vado a mettere su il caffè.*
>
> *RID: Lascia perdere, il tuo caffè non piace ai clienti. Sono abituati a gustare il mio.*
>
> *TRAP: Ah, signore, vede la bisca lì a sinistra?*
>
> *RID: Che c'è, cosa succede nella bisca lì a sinistra?*
>
> *TRAP: È tutta la notte che vi gioca e ci si rovina un mio amico, che ormai ha perduto anche le mutante, perché il vizio gli è entrato nel sangue.*
>
> *RID: Non mi piace che i miei lavoranti mi informino sui miei amici. (Pausa). Chi è il suo avversario?*
>
> *TRAP: Quel conte che è un fior di virtù, il conte Leandro,   un o che*

---

[158] Di Giammarco, 1989, p. 6.

[159] Cfr Di Giammarco, 1989.

può camminare a testa alta come pochi.

RID: *È quel signore con i capelli neri?*

TRAP: *E con un vestito che costa un occhio nella testa.*

RID: *È mai entrato qui nella bottega?*

TRAP: *Lo assaggia, il caffè, di tanto in tanto, e ne lascia metà. Sembra non piacergli.*

RID: *Questa non è una ipotesi plausibile.*

TRAP: *Sì, sì. Lisaura lo tiene stretto nella morsa delle sue gambe. Lei contrae o apre le forbici a seconda di come le gira. Sa che lui, il conte Leandro, ha i soldi; e che li moltiplica continuamente, spogliando e lasciando in mutande tutti gli uomini di Venezia.*

RID: *So quel che si dice di questo signore. Anch'io l'ho notato. Ho avuto la fortuna di ammirare il suo superbo viso. Ha uno sguardo così sicuro, da uomo superiore. Bisogna farselo cliente in bottega.*

TRAP: *Non è giusto che nella bisca si giochi ancora a quest'ora come se fosse mezzanotte.*

RID: *Una bisca è fatta per giocare.*

TRAP: *Ed una bottega del caffè è fatta per bere. Se si trova qualcuno disposto a bere.*

RID: *Si beve. Perché bisogna.*

TRAP: *Però la bisca dovrebbe chiudere prima e la bottega del caffè aprire un po' più tardi.*

RID: *Non spetta a te stabilire le abitudini di una città.*

TRAP: *Io vedo soltanto che la mia presenza qui, a quest'ora, tutti i santi giorni, è inutile.*

RID: *Quel che inutile lo stabilisce il tuo padrone.*

TRAP: *Quel che è utile il buon Dio.*

RID: *E la tua opinione fa da corollario.*

TRAP: *Devo pulire il tavolo due volte stamattina?*

RID: *No, lascia stare, basta una volta.*

TRAP: *Lo dicevo per scherzo.*

RID: *E come ti sei permesso?*

TRAP: *Per tirar su un po' il morale.*

RID: *Tu ritieni di doverlo fare.*

TRAP: *È lei che vuole che le mie battute sollevino l'umore.*

RID: *Fa come ti pare.»[160].*

Gli spunti di riflessione sono molteplici e chiariscono subito quanto sia distante dall'ambientazione goldoniana: le tematiche sono senza dubbio più attuali ed anticipano ad esempio alcuni *trend* della contemporaneità e del suo approccio al lavoro. L'atteggiamento di Ridolfo nei confronti di Trappola, nel suo scambio di battute, non può che essere l'antesignano del concetto di *bullshit jobs*, una forma di lavoro completamente non necessario che persino l'impiegato non riesce a darne un senso. La presenza di Trappola, non in grado di fare un buon caffè, al mattino presto, un periodo senza clienti, sembra quasi essere l'affermazione del potere di Ridolfo nei suoi confronti. Potere che viene più volte esplicitato sotto forma di battuta - non si sa quanto ironica - da Ridolfo che utilizza il suo dipendente come *flunkies*, letteralmente *tirapiedi*,

---

[160] Atto I, Scena 1.

il cui lavoro serve solo per far sentire il suo superiore importante[161].

Le interazioni, nel periodo tra Goldoni e Fassbinder, sono cambiate ed anche oggi stiamo assistendo ad un cambiamento della ritualità del caffè dovuta non solo, come visto, alla pandemia, ma anche ad un mutamento rituale, come sostiene il filosofo Byng-Chul nel suo *La scomparsa dei riti*:

> «*Oggi il mondo non è un teatro in cui s'interpretano ruoli e vengono scambiati gesti rituali, bensì un mercato sul quale ci si mette a nudo e ci si esibisce. La rappresentazione teatrale cede il passo all'esibizione pornografica del privato. Anche la socievolezza e la cortesia hanno un alto tasso di attorialità. Sono un gioco con la bella apparenza e per questo presuppongono una distanza scenica, teatrale. Nel nome dell'autenticità o della verità, oggi si mettono da parte, in quanto esteriori, la bella apparenza e i gesti rituali, ma questa autenticità non è altro che rozzezza e barbarie. Il culto narcisistico dell'autenticità detiene una parte di responsabilità nel crescente abbrutimento della società. Oggi viviamo in una cultura degli impulsi bestiali: laddove vengono a mancare i gesti rituali e le forme di cortesia, ecco che gli eccessi e le emozioni forti prendono il sopravvento*».

Un pensiero, questo, di cui troviamo applicazione pratica nelle grandi casse di risonanza dei *social network*, piazze virtuali in cui mettere in mostra e spesso creare la propria identità. Oggi anche il bar obbedisce a questo genere di necessità, offrendo sia il collegamento ad Internet, che proponendo piatti e prodotti *"instagrammabili"*, ovverosia adatti ad essere fotografati e postati sui *social*. Profili quali quello de *Il barista di Tik Tok*[162],

---

[161] Cfr Graeber, 2018.

[162] Si tratta di Antonio Bernardo, in arte Tony Berry, famoso per i suoi cappuccini artistici su cui propone disegni colorati.

Barby mora[163], o attività che propongono *challenge* (come bere un cappuccino fatto da un litro di latte e cinque caffè espresso in meno di cinque minuti oppure quella, *trend* del 2020 lanciata dallo chef Salt Bae, in cui si prende una tazza di cappuccino, se ne sorseggia un po' e si esclama, dritto in camera, *"cappuccinooo"*, usando un tono divertente o sexy) spopolano tra le varie fasce di età, ognuna con un suo *social* di elezione.

---

[163] Si tratta di una barista di Arco di Trento che danza in maniera sensuale mentre prepara i caffè per i suoi clienti, ottenendo un buon successo su Tik Tok.

L'eticità del caffè, ovvero la criticità del costo

Ha fatto scalpore, soprattutto sul web, la notizia di aver trovato *"il caffè meno caro d'Italia"*: 0,30€ per una tazzina di espresso[164].

Il bar si trova in Sicilia, ad Alia, provincia di Palermo, ed i giornali hanno dato la notizia di questo prezzo bassissimo (persino alle macchinette automatiche costa di più!), scatenando le solite polemiche, quasi a voler tacciare i baristi di volersi approfittare dei clienti perché, se ci riescono a tenere i prezzi bassi ad Alia, possono farlo anche nel resto del Paese.

Ma siamo sicuri che questa notizia abbia fatto del bene al mondo del caffè, matrice alimentare della quale noi italiani siamo molto (troppo?) ignoranti? Probabilmente no, anzi la notizia è stata fortemente deleteria ed ha acuito l'italica ignoranza su questo prodotto culturalmente così importante.

Il prodotto viene venduto con una strategia di *marketing* "classica", quella del prodotto civetta, un prodotto a prezzo volutamente basso per attirare il cliente nel punto vendita. Fin dall'apertura del locale il caffè aveva un prezzo ben sotto la media nazionale: 20 lire a fronte di un prezzo medio di 50 lire negli anni '60. Con l'avvento dell'Euro e fino al 2020 il prezzo della tazzina era di 20 centesimi, salito a 30 centesimi

---

[164] In Sicilia il bar con il caffè più economico d'Italia, articolo di Luca Iaccarino, 7 aprile 2022, reperibile su https://www.corriere.it/cook/news/22_aprile_07/ sicilia-bar-caffe-piu-economico-d-italia-65e187cc-b4b2-11ec-a84e-197043dca567.shtml, consultato il 10 aprile 2022.

dopo la pandemia a causa anche dei rincari di elettricità ed al servizio di *delivery*. Senza voler fare i conti in tasca la bar, da quanto emerge dal servizio del *Corriere della Sera* il titolare non paga affitto, essendo il locale di proprietà, e prepara circa 6 kg di caffè al giorno, pari a 857 espressi, che nel periodo estivo aumentano a 1285. Tradotto in numeri significa circa 2730 € al mese al netto delle spese di materie prime e dell'Iva. Purtroppo secondo alcuni studi l'espresso in Italia non avrebbe una ottima marginalità perché fra elettricità, ammortamento, costi fissi, personale, assicurazioni e materia prima, il costo di un caffè ammonterebbe, al barista, tra 0,90 e 1,05€ a caffè, a fronte di un costo al cliente di 1,20€[165].

Il primo problema con cui ci si scontra è, come visto, quello del costo da parte sia del commerciante che del cliente: la crisi economica del 2008 ha portato ad una mancanza di liquidità e quindi una ricerca del miglior prezzo sul mercato, a scapito troppo spesso della qualità.

Nella cultura italiana del *boom* si è assistito ad una vera e propria stabilizzazione dei prezzi di tre oggetti "simbolo" della rinascita economica e della modernità: caffè (per darsi la carica), biglietto del tram (per spostarsi nelle grandi città fonte di migrazione) e quotidiano (per informarsi sulle notizie principali). Questi tre prodotti erano legati da un rapporto stabile, ed avevano lo stesso costo. Almeno fino a pochi anni fa, quando sia quotidiani che mezzi pubblici hanno subito una vera e propria impennata dei prezzi, mentre la tazzina di espresso è rimasta invariata.

---

[165] Secondo questa stima il caffè freddo ha un costo di 0,40 euro, un corretto arriva a 0,80 mentre un cappuccino ammonta a 1 euro netto. Cfr https://www.cookist.it/il-caffe-piu-economico-ditalia-costa-30-centesimi-e-possibile-ecco-perche-non-ha-senso/

Attualmente il quotidiano *La stampa* costa, in edicola, 1,70€ (2,50€ il venerdì con i vari supplementi). Lo stesso prezzo di un biglietto del bus a Torino, che però sale a 2,20€ per la metro di Milano. Ed il caffè? Il costo medio, in Italia, si aggira intorno ad 1,10€, in alcune zone 1,25€. Circa 0,50-0,60€ in meno di un viaggio in bus o di un quotidiano.

Anzi, a dirla tutta, l'aumento dei prezzi ed il superamento della soglia psicologica dell'euro a caffè si è avuta con la pandemia e con gli aumenti dovuti alla guerra in Ucraina, facendo però montare una vistosa polemica. Ma la polemica ha ragione di essere? Probabilmente no.

Oggi l'enogastronomia moderna, soprattutto quella "filosoficamente impegnata" si basa sui tre assunti di *Slow Food*: il prodotto deve essere *"Buono, pulito e giusto"*.

Su questo tema, qualche anno fa, era intervenuta anche la Sca, la *Specialty coffee association*, che nel 2022, nel mese di giugno, ha iniziato una vera e propria battaglia per far capire il giusto prezzo di una tazzina di caffè. La ricerca, spasmodica, da parte dei clienti al prezzo più basso ha infatti portato ad un vero e proprio impoverimento del settore, mettendo a repentaglio la tenuta dell'intera filiera, a causa di questo prezzo non equo.

«La rincorsa al prezzo più basso è un boomerang sia per gli esercenti che per i consumatori. Ne è convinto Davide Cobelli, National Coordinator di Specialty Coffee Association Italy (https://www.scaitaly.coffee/), realtà che ha riunito attorno ad una tavola rotonda i principali attori del mercato del caffè italiano, in occasione del World of Coffee 2022 tenutosi a Milano lo scorso 24 giugno. Tra gli invitati al dibattito: Paola Goppion (Presidente CSC, Caffè Speciali Certificati), Emanuele Drughera (Slow Food Coffee Coalition Coordinator), Dott.Stefano Tiberga (Codacons), Luigi Morello (Presidente del Comitato Scientifico

del Consorzio di Tutela dell'Espresso Italiano Tradizionale e dell'IEI Istituto Espresso Italiano), Omar Zidarich (Gruppo Italiano Torrefattori Caffè), Andrea Doglioni Majer (Presidente dell'Associazione dei Costruttori Italiani di Macchine e Attrezzature per caffè, Professionali e Semi Professionali Ucimac) e Eleonora Pirovano, (IWCA Italy - International Women's Coffee Alliance)».

E ancora:

«"Il costo per produrre una tazzina di caffè è superiore rispetto al costo per produrre una bottiglietta d'acqua, eppure la bottiglietta d'acqua al bar viene venduta a 1.50 Euro senza che questo generi scalpore presso i consumatori." - commenta Davide Cobelli. La preparazione di un buon espresso, al contrario, richiede materie prime di qualità, formazione adeguata, attrezzatura professionale e tanta cura. La formazione, in particolare, ha un ruolo cruciale, perché come sottolinea Luigi Morello, Presidente dell'Istituto Espresso Italiano, i 25 secondi necessari per l'erogazione di un caffè possono rovinare tutto il lavoro fatto in precedenza. "Non è come per il vino, non basta stappare, il caffè è un prodotto che deve essere lavorato. Tutti elementi questi che hanno un costo, che non può essere compresso e svilito all'interno di 1 Euro a tazzina."»[166].

La soluzione a questo problema? Semplice, ma allo stesso tempo estremamente rivoluzionaria: cambiare il nostro metodo di intendere il caffè.

Lo dice anche **Andrej Godina**: bisogna cambiare la nostra mentalità di consumo del caffè, che è - sembra banale ma ogni tanto va ricordato - un bene di lusso, o quantomeno un bene non essenziale alla nostra sopravvivenza. Secondo l'esperto, dottore in *Scienza, tecnologia ed economia nell'industria del caffè*, nonché vero e proprio *guru* della materia, il costo giusto di un caffè dovrebbe essere intorno a 1,50€ a tazzina perché

---

[166] Cit ad esempio in https://www.beverfood.com/sca-iei-prezzo-caffe-bar-deve-legato-qualita-wd/ consultato il 20 dicembre 2023.

sotto 0,90€ non c'è margine di profitto per il barista per pagare i costi di gestione, iniziando proprio dal contratto di lavoro del personale. Un prezzo tra 1,50 e 2€, con una forbice di 50 centesimi su cui inserire un valore aggiunto dato dalla qualità del prodotto e del servizio offerto. Godina, da vero avanguardista della valorizzazione del caffè, si augura un percorso analogo a quello del vino, che negli ultimi decenni è stato protagonista di una valorizzazione. «*Nessuno si scandalizza se un calice costa 5 euro* - spiega - *e un altro, magari di una particolare annata e di grande pregio, sale a 15 euro. La stessa cosa deve avvenire anche per il caffè*»[167].

Ma che tipo di caffè dobbiamo aspettarci a 0,30€?

Sicuramente la qualità non potrà essere delle migliori. Anche perché se uno *specialty* arriva a costare fino a 6€, o anche di più, per un Panama *Gheisha* naturale in doppio espresso, un motivo ci sarà. Iniziamo dal discorso della sostenibilità ambientale e sociale. Siamo sicuri che 0,30€ bastino a compensare adeguatamente anche l'infinità di persone legate al mondo del caffè? *Farmer* (ricordiamo che la pianta del caffè diventa produttiva dopo quattro anni), *trader*, esportatore, torrefattore, rappresentante e barista. Quest'ultimo che deve pagare anche tasse e spese di produzione come la manodopera, le stoviglie e la corrente elettrica. Sinceramente ho i miei legittimi dubbi…

Per non parlare poi della qualità: un caffè a quel costo, ridicolo, sarà necessariamente di bassissima qualità, sicuramente sotto lo standard. Difficilmente avremo un adeguato crivello, quindi il prodotto, anche in fase di torrefazione, avrà dei pessimi effetti, con chicchi difettati. E

---

[167] Citato in https://www.cookist.it/quanto-deve-costare-una-tazzina-di-caffe-secondo-gli-esperti/ consultato il 13 giugno 2024.

difficilmente sarà un raccolto di altura, e le modalità di raccolta saranno probabilmente meccanizzate, con tutti i problemi per la pianta. Una qualità robusta con una torrefazione scura.

Come amo dire: la vita è troppo breve per bere caffè cattivi. E, anche se non sempre un prezzo alto giustifichi una altrettanto alta qualità di un prodotto, soprattutto nel mondo del caffè, certamente un prezzo basso darà un prodotto con un profondo retrogusto, in tazza e nel nostro cuore, amaro e di sfruttamento[168].

---

[168] Il testo è stato in origine pubblicato sul blog del Sommelier su https:// sommelier.blog/2024/01/23/caffe-a-30-centesimi-basta-andare-a-discapito- della-qualita/

Il rito del caffè dopo il Covid

Non tutto il male viene per nuocere. Lo sostiene anche Alessandro Barbero parlando della peste medievale: un grande dramma che ha portato però dei miglioramenti. Ed anche il Covid non ha fatto eccezione[169].

Abbiamo visto l'importanza rituali del bar come luogo di ritrovo e campo di "allenamento" alle interazioni sociali. Ma la pandemia di Covid-19 ha stravolto molte cose. I periodi di chiusura forzata, l'isolamento, i bar che diventavano luoghi inaccessibili, lo sviluppo dell'asporto e caffè *"on-the-go"*, come visto tipicamente americano e nipponico sono forse gli esempi più evidenti di un mutamento radicale.

Ma andiamo con ordine: ancor prima di arrivare alla chiusura dei bar e dei ristoranti tramite DPCM, questi hanno dovuto obbedire a una serie di regole molto stringenti, per evitare il contagio. Ad esempio la limitazione di orario.

La pandemia, costringendo le autorità a intervenire così pesantemente sull'orario del bar, ne ha modificato in modo drastico la capacità di essere il luogo della socialità. In Ossola, al confine con la Svizzera, alcuni locali aprivano appositamente intorno alle quattro del mattino, per servire la colazione ai frontalieri: le leggi dell'emergenza hanno imposto l'apertura dalle sette del mattino, escludendo questo importantissimo segmento di clientela.

---

[169] Per una analisi più dettagliata del fenomeno Covid si rimanda a Ciurleo, 2022.

Ma il bar ai tempi del Covid è anche l'oggetto delle polemiche. Per esempio quelle relative agli aperitivi, tra le contraddizioni e il senso di provvisorietà che hanno contraddistinto la nostra vita dentro l'emergenza: nel giro di poche decine di giorni si è passati da *#Milanononsiferma*, che ha visto leader politici ostentare tranquillità nell'aperitivo con i giovani meneghini, alla stigmatizzazione dell'*happy hour*.

All'inizio della *Fase 2* i giovani frequentatori dei Navigli milanesi diventano bersaglio del biasimo mediatico, le immagini dell'aperitivo si trasformano nell'emblema di una generazione di irresponsabili, incapaci di rinunciare a un semplice aperitivo con gli amici in nome del bene comune.

L'aperitivo è uno dei simboli del caos che ha coinvolto le piccole ritualità laiche quotidiane. Se la chiusura delle scuole ha assestato un colpo al settore dell'HoReCa, il *lockdown* l'ha letteralmente messo ko: bar e ristoranti chiusi, così come le mense aziendali. All'inizio si era stabilita una piccola deroga per i bar di stazioni e aeroporti ma, in seguito, anche quelli hanno dovuto chiudere i battenti, sotto l'imposizione dell'apposito DPCM.

E cosa è accaduto dopo il placarsi (forse solo temporaneo) dell'emergenza sanitaria? Quali macerie sono rimaste in piedi dopo la caduta della bomba?

Con l'avvento della Fase 2 i bar e i ristoranti hanno potuto riaprire, ma con un rigidissimo protocollo da rispettare. Un protocollo che, possiamo dire senza paura di essere smentiti, ha letteralmente stravolto l'essenza stessa del bar poiché gli ingressi sono stati contingentati. In molti casi il bancone non ha potuto essere utilizzato, invitando i clienti a sedersi ai tavoli. Se poi aggiungiamo che il personale è obbligato a indossare guanti e mascherina (così come il cliente), ci siamo subito resi conto che la complicità, citata da Augé, e l'interazione faccia a faccia di Goffman tra barista e cliente sono state annientate.

A questo dobbiamo aggiungere anche una seconda problematica igienico-sanitaria: il "**rito del giornale**". Le disposizioni di legge, infatti, non permettono lo scambio di oggetti che non siano monouso o igienizzabili (i menù sono spesso digitalizzati o plastificati) e tra le prime vittime sacrificali vi sono proprio quotidiani e riviste, elementi caratterizzanti della colazione italiana con cappuccino e *brioche*, fatta al bar prima di andare al lavoro. A questo si aggiungono le norme sulle distanze, che hanno portato a un ridimensionamento considerevole dei locali, i quali hanno perso in alcuni casi anche il 75% dei coperti disponibili. Il problema della sparizione dei tavoli da quattro coperti si aggiunge al problema delle attese: un tempo ci si poteva aggregare agli amici, magari incrociati mentre si camminava, ora non più, perché le imposizioni sulle distanze penalizzano i gruppi i cui membri non appartengano allo stesso nucleo familiare e non siano conviventi. Tutto ciò causa code e attese, che si riflettono anche sui clienti seduti: se un caffè ristretto si può bere in pochi minuti, un *cocktail* o uno *spritz* non si può certo tracannare a vetro, richiede più tempo, perciò il tutto si traduce, di fatto, nello scoraggiare il tradizionale aperitivo.

Un problema accentuato in quei bar - o ancor più nei circoli - che si sono ritagliati il segmento di clientela più anziana, quella dei *"giocatori di briscola e bevitori di quartino"*. Le carte, come il giornale, sono state vietate ufficialmente, rompendo ancora una volta una ritualità sociale fondamentale e secolare, ma incompatibile con le distanze di almeno un metro tra i vari avventori.

A questo si aggiungono anche le problematiche relative al cosiddetto *droplet*, in parole povere le goccioline di saliva che, potenzialmente, possono trasmettere il virus. I luoghi deputati al mangiare o al bere, per ovvi motivi, non possono prevedere l'obbligo di mascherina che copra naso e bocca. Almeno non ai tavoli dove si effettua la consumazione. Ecco, quindi, che nel "bar post-Covid" ha trovato spazio all'ingresso e sul bancone il *dispenser* del disinfettante. Siamo di fronte a un mutamento simile, per certi versi, a quello verificatasi nell'architettura cristiana intorno al VII secolo: col mutare del rito battesimale, ora impartito fin dall'infanzia e non più in età adulta, scompare la figura del catecumeno e, dunque, lo spazio a esso dedicato; il nartece si fa più piccolo, cambia funzione. Anche allora la trasformazione era il risultato di un'emergenza sanitaria: l'elevata mortalità infantile, che imponeva di somministrare il sacramento subito dopo la nascita. Il fonte battesimale sostituì, allora, le vasche in cui si effettuava il Battesimo degli adulti per immersione.

Oggi, il tempio laico della socialità deve dedicare uno spazio alle "abluzioni rituali" a base di gel idroalcolico, collocando il flacone del prodotto all'ingresso del locale, alla stregua di una moderna acquasantiera. Il flaconcino bianco, è ormai tanto familiare che sta sparendo progressivamente dalla nostra attenzione: accade che, quando un oggetto è entrato nella costruzione culturale di un luogo o nella sua immagine mentale, spesso il nostro cervello non ne presti più attenzione.

Chi si ricorda - se non persone esperte o appassionate - la macchina del caffè che ha il bar sotto casa? Di che colore è? Di che marca? Oppure pensiamo al tragitto che compiamo quotidianamente per andare al lavoro: quali sono i cartelli pubblicitari che incrociamo? Non li ricordate, vero? Ma appena uno di questi cambia ve ne accorgete, magari perché intravisto con la coda dell'occhio.

Al principio della *Fase 2*, le regole erano particolarmente stringenti: distanza minima di due metri code comprese, prenotazione dell'ordine e consegna tramite appuntamento, asporto possibile (e, anzi, preferibile) tutti i giorni dalle 6 alle 21, clienti con mascherina obbligatoria nel locale (si può togliere solo al tavolo) e anche di guanti per il personale.

Addirittura, molti bar non permettevano nemmeno l'accesso, ma si erano trasformati in una sorta di *"drive"*: ingresso del bar sbarrato da un tavolino, prenotazione effettuata all'interno e consegna all'esterno da parte del barista. Preferibilmente senza sedersi ai tavolini.

Con l'avvento della *Fase 3*, le regole si sono da una parte alleggerite aprendo fisicamente i locali (ma il servizio a domicilio, in molti casi, ha costituito una piacevole scoperta che continuerà ad affiancarsi alle modalità tradizionali), dall'altro si è appesantita la parte burocratica: oltre all'obbligo di esibire l'apposita segnaletica orizzontale con i percorsi obbligati e le tacche per rispettare il distanziamento sociale (o meglio, interpersonale), per un determinato periodo i ristoratori sono stati obbligati a prendere i dati dei clienti e conservarli fino a due settimane, in barba quasi alle sempre più stringenti leggi sulla privacy e al GDPR che ha rivoluzionato, da circa un anno, il metodo di lavorare nelle aziende che hanno a che fare con il pubblico.

Come visto la "liturgia" del caffè non può che essere stata stravolta dalla pandemia 2020, che ha modificato non solo le modalità di fruizione del tempo libero e della convivialità : il bar, luogo fisico della socialità programmata, ma anche di quella "casuale", *location* di innumerevoli, piccole e grandi interazioni sociali, culla di rapporti umani tra gestore e cliente oltre che tra un cliente e l'altro, sta cambiando la sua struttura.

La fisionomia e la sostanza stessa del bar sono modificate proprio nelle ritualità relative ai momenti che scandivano la giornata, ovvero colazione e aperitivo, rispettivamente l'inizio e la fine della giornata lavorativa.

La ritualità, come visto, è fatta di piccoli gesti. E il fatto che ormai, entrando in un bar o in un negozio, la prima cosa che si cerchi è il *dispenser* del disinfettante è la prova evidente di come la nostra vita sociale sia stata messa a dura prova dal virus.

Appendice:
Parlare (con cognizione) di caffè

Questa seconda edizione aggiunge all'analisi antropologica e sociale fatta del caffè, frutto di anni di approfondimenti, anche una breve appendice dedicata chi vuole imparare a conoscere meglio questa suggestiva matrice alimentare.

Proprio partendo da questo libro, edito nel 2018 ed ormai esaurito, ho iniziato ad approfondire la questione caffè analizzandolo anche dal punto di vista gustativo. E, complice la pandemia, ho sfruttato l'occasione per formarmi grazie alla *Scuola Italiana Sommelier*, interessante realtà, che vanta il riconoscimento del Presidente della Repubblica, operante in ambito nazionale sulla formazione a distanza. Il presidente della Scuola, Nicola Ferrazzano, mi ha addirittura proposto di diventare docente per i corsi di *sommellier del caffè*, ruolo che ricopro da un paio d'anni. Questa è stata la scintilla che mi ha fatto approfondire ulteriormente il discorso della *sommellerie*, grazie soprattutto ai lavori illuminanti dei *"guru"* del caffè Andrej Godina e Chiara Bergonzi, autori di una serie di testi fondamentali. Naturalmente non voglio paragonarmi a tali "mostri sacri" del mondo del caffè, ma ho voluto realizzare, aggiungendola in appendice, una scheda "semplificata", per permettere di analizzare, ad un primissimo livello, la matrice alimentare. Per permettere di usufruire di questo strumento - che potrebbe diventare uno spunto di dialogo, magari proprio davanti un caffè al bar o a fine pasto - ho predisposto anche un piccolo glossario minimale, con i termini principali ed una guida per compilare correttamente la scheda.

Per iniziare il discorso di *sommellerie*, prima di addentrarsi nei meandri della terminologia tecnica, penso sia utile una piccola serie di "infografiche".

La prima riguarda i termini connessi al caffè.

Questi i termini che potete trovare: quanti ne conoscete?

Bialetti, Moka, V60, Lavato, Naturale, Caffettiera, Chemex, Filtro, French Press, Infusione, Arabica, Robusta, Blend, Tostatura, Capsule, Incontro, Socialità, Degustazione, Specialty Coffee, Tostatura Chiara, Tostatura Scura Malabar, Macinatura, Aeropress, Caffetteria, Bar, Ritualità, Brew Ratio, Tanzania, Indonesia, Pulizia, Aroma, Capsule, Caffè Monsonico, Kopi Luak, Difetti, Brasile, India, Etiopia, Indonesia, Equo-solidale, Monorigine, Angelo Moriondo, Espresso, Crema, Borsa di New York, Borsa di Londra…

Glossario minimo

Ecco una piccolissima e necessariamente minimale guida per avvicinarsi al mondo della degustazione[170] ed aiutare i lettori al "gioco" della compilazione della scheda di degustazione[171].

Tipologia di caffè:

Monorigine - Indica una unica tipologia di caffè proveniente da un'unica area geografica (ad esempio 100% arabica monorigine Nicaragua, Brasile, Etiopia, oppure fine robusta India)

Blend - Una miscela di varie tipologie di caffè (ad esempio arabica e robusta) provenienti da varie zone geografiche (ad esempio arabica Brasile e robusta India)

Monovarietà - Un unica tipologia di caffè, proveniente da diverse origini (ad esempio Illy 100% arabica, con caffè provenienti da Etiopia, Brasile, Guatemala, Colombia, India).

Composizione:

Arabica - La qualità di caffè più pregiata, con quantità limitata di caffeina, sprigiona in tazza aromi fruttati e floreali, con un bouquet

---

[170] Per acquisire un lessico adeguato ed approfondire le tematiche gustative del caffè si rimanda a Bergonzi, 2021; Hoffman, 2019; Godina, 2017; Godina - Barnabà, 2019; Godina - Bonacchi, 2019; Godina - Illiano, 2022 e 2024; Godina - Polojac, 2018.

[171] Si tratta di una scheda di assaggio fatta semplificando le varie schede di degustazione per renderla più semplice da compilare e soprattutto permettere di catalogare varie tipologie di caffè, anche commerciali.

aromatico di primo livello. Cresce solo in altura, oltre i 1000 metri slm. Viene trattato alla borsa di New York.

Robusta - Varietà più resistente, meno pregiata. Ha una ottima resistenza ai parassiti grazie all'alta percentuale di caffeina presente. Viene trattato alla borsa di Londra.

Liberica ed *Excelsa* - Altre varietà di caffè non molto utilizzate commercialmente.

Qualità botanica:

Indicare (se possibile) la specie botanica, quali ad esempio *gheisha*, *bourbon*...

Grado di tostatura:

La tostatura o torrefazione è il processo in cui i chicchi verdi di caffè vengono "bruciati" attivando la reazione di Maillard.

Tostatura chiara: il colore del chicco è marrone pallido, il prodotto in tazza sarà molto aromatico, con note floreali e fruttate, note amare poco presenti, adatto per estrazioni a percolazione o infusione. Il prodotto non sarà molto corposo.

Tostatura media: il colore è marrone, il prodotto conserverà le note fruttate ed aromatiche, ma più ci si avvicina al cosiddetto secondo "crack", più verranno evidenziate le note amaricanti.

Tostatura scura: il caffè si presenta di un colore molto scuro, tendente al nero. Le note fruttate, floreali ed acide risulteranno quasi inesitenti, la nota prevalente sarà quella amara. Il prodotto sarà molto corposo in tazza, grazie anche agli olii rilasciati nella fase di tostatura spinta.

Provenienza:

Indicare (se possibile) l'aera geografica di provenienza[172].

Lavorazione

Indicare il metodo di lavorazione cui sono state sottoposte le drupe.

Lavato: Le drupe vengono lavate in acqua e poi spolpate

Naturale: Le drupe vengono lasciate essiccare al sole e poi spolpate meccanicamente

Honey: Le drupe vengono in parte lasciate a fermentare nell'acqua e quindi messe ad asciugare al sole prima di essere spolpate.

Monsonato: I chicchi di caffè spolpati vengono lasciati alle intemperie e sotto le piogge monsoniche.

Altro: altra metodologia.

Granulometria:

Impalpabile - Macinatura finissima utilizzata per i caffè in infusione come *Ibrik* e caffè alla turca

Fine - Finissima - Macinatura molto sottile adatta alle estrazioni in espresso o alla moka.

Media - Macinatura adatta alla moka che si adatta, più o meno, a tutte le estrazioni.

Grossolana - Macinatura dalla granulometria molto grande, adatta per le estrazioni a filtro.

---

[172] Per un vero e proprio atlante con le caratteristiche organolettiche dei vari caffè in base alla loro provenienza si rimanda a Hoffman, 2019.

Estrazione:

Le varie preparazioni del caffè si possono dividere in varie tipologie di estrazione.

Infusione: Il caffè viene messo in acqua calda e lasciato bollire stile decotto. Ad esempio *french press* e *ibrik* (caffè turco)

Percolazione: La polvere di caffè viene bagnata e tramite un filtro, sfruttando la forza di gravità, l'acqua passa attraverso la matrice di caffè estraendone gli aromi. Ad esempio sono percolatori il *V60*, *Hoop*, *Chemex*, ma anche la caffettiera napoletana (*cuccuma*).

Espresso: Particolare tipo di estrazione che utilizza alte temperature (92-96°C), ed alte pressioni (minimo 9 bar) per far passare l'acqua, in un tempo di circa 27-30", attraverso un pacchetto di caffè macinato finemente e compattato con una pressione di almeno 15 kg.

Moka: Metodo di estrazione che sfrutta la pressione che si viene a creare nella caldaia per estrarre, tramite una sorta di percolazione inversa, gli aromi dalla matrice di caffè, che NON deve essere pressata, ma livellata. Per ottenere risultati migliori e non surriscaldare il caffè, esaltandone le note amare, si consiglia di usare nella caldaia acqua già bollente.

Aeropress: metodologia di estrazione nata in USA negli anni 2000. Si può usare come un percolatore a cui, in un secondo momento, applicare una pressione tramite lo stantuffo, oppure "invertito", ovvero si lasca il caffè in infusione per circa 1' e poi si fa uscire tramite pressione.

Cold brew (e *dripping cold brew*): metodologia di estrazione a freddo in cui il caffè viene lasciato in infusione in acqua fredda per almeno 8-10 ore. Il prodotto in tazza è molto aromatico, con nome amare appena accennate.

Ogni estrazione esalterà o attenuerà determinati abbinamenti. Di seguito una breve tabella riassuntiva: nelle colonne ci sono le 12 tipologie principali di estrazione, mentre verticalmente troviamo i flavori di frutta, il tostato (*backery*), l'acido, il dolce, l'amaro, il corpo e la pulizia del prodotto in tazza. Il **+** (più) indica che la note viene esaltata, la **x** (ics) che non viene influenzata ed il **-** (meno) che la caratteristica viene attenuata.

Estrazione	Frutt	Backer	Acido	Dolc	Amaro	Corp	Pulizia
French	+	x	+	-	x	+	x
Aeropress	x	x	+	x	x	+	+
V60	+	x	+	+	-	x	+
Chemex	+	+	+	+	x	x	+
Moka	x	+	-	x	+	+	-
Cuccuma	x	+	x	x	x	x	-
Cold brew	+	x	x	+	-	+	+
Ibrik	x	+	x	+	+	+	x
Espresso	x	+	x	x	+	+	x
Dripper	+	x	x	+	-	+	+
Metal cone	+	x	x	+	+	+	x

Tempo e Temperatura acqua

Indicare i minuti di infusione e la temperatura dell'acqua utilizzata. Ad esempio V60 a circa 96°C per 4'.

Esame olfattivo e flavore[c]:

Gli aromi che si percepiscono annusando prima la polvere di caffè e poi la bevanda. Possono essere aromi fruttati, floreali, legnosi, terrosi, di frutti rossi, di frutta a guscio, agrumati, di fiori bianchi, speziati, di cioccolato, di cannella, di cenere, di bruciato, di cuoio...

Flavore è una definizione di Andrej Godina[173] che sottintende l'esame olfattivo e quello gustativo, facendo un calco del termine inglese "*flavour*".

Abbinamenti proposti:

Come ogni matrice alimentare ci possono essere tre diversi tipologie di abbinamenti:

Concordanza - Si abbina in concordanza, in accordo, ad esempio dolce con dolce, amaro con amaro, salato con salato...

Contrasto - Si abbina la matrice alimentare per contrasto, ovverosia se un piatto è molto amaro si può contrastare con una bevanda dolce, se un piatto è salato, si può utilizzare una bevanda amara.

Territorialità - Si cerca di abbinare prodotti della medesima area geografica, ad esempio Dolcetto d'Alba per una cena Piemontese.

---

[173] Godina - Bonacchi, 2019.

Gusti:

Indicare sulla scala numerica i gusti percepiti:

Acido - Presente soprattutto nei caffè arabica a tostatura medio chiara. Più la tostatura è spinta, più l'acidità viene annullata.

Dolce - Il gusto più ricercato in un caffè. Determinate estrazioni, come ad esempio *ibrik* e moka, esaltano l'amaro a discapito della dolcezza. Tipico delle estrazioni più delicate, come ad esempio la percolazione o il *cold brew*. Si sviluppa prevalentemente in tostature medio-chiare.

Amaro - Le noti amare sono dovute alla caramellizzazione degli zuccheri tipiche della reazione di Maillard. Spesso una torrefazione spinta serve ad aumentare l'amarezza del prodotto, nascondendone quindi i difetti.

Salato - Le note salate si possono trovare (e non sono da considerare difetti) nei caffè monsonati, tipici dell'India e delle zone monsoniche, come il *malabar*.

NB: Il caffè, non avendo proteine, NON avrà il gusto *umami* (dado da brodo).

Corpo:

Intensità - Quanto il caffè è "corposo", spesso. Le due estrazioni che danno maggiore corposità sono espresso ed *ibrik*, mentre un caffè per percolazione darà una bevanda molto più "leggera" (anche se in realtà ha più caffeina).

Qualità del corpo: come definire la qualità con un aggettivo. Ad esempio piacevole, spigoloso, equilibrato…

Tatto:

Astringenza: La sensazione di necessità di produrre saliva tipica delle sostanze tanniniche. Anche in questo caso è tipico delle tostature spinte.

Morbidezza: Il senso di morbidezza lasciato in bocca, di piacevole pastosità.

Retrogusto: L'ultima fase della degustazione, quello che rimane in bocca al termine dell'assaggio.

Intensità: in scala da 1 (minima) a 5 (massima)

Persistenza: ovvero per quanto tempo il retrogusto persiste. 1 poco persistente 5 molto persistente.

Al termine si può compilare il grafico per avere un grafico a ragnatela del caffè.

Scheda degustazione semplificata

Nome caffè

—

Tipologia caffè:
[-] monorigine   [-] blend   [-] monovarietà

Composizione:
[-] Arabica   [-] Liberica
[-] Robusta (Canephora)   [-] Excelsa

Qualità botanica:

—

Grado di tostatura
|— chiara —| — medio chiara — | —medio scura —| — scura —|

Provenienza:

Lavorazione: [-] Lavato   [-] Naturale   [-] Honey
                    [-] Monsonato [-] Altro

Granulomeria: [-] Impalpabile   [-] Fine
                    [-] Media   [-] Grossolana

Estrazione: [-] filtro (percolazione)   [-] V60
                    [-] Chemex   [-] Hoop

[-] Infusione	[-] Fr. press
[-] Ibrik	[-] Espresso
[-] Moka	[-] Napoletana
[-] Aeropress	[-] Aerop. inv.
[-] Cold brew dipper	[-] Cold brew

Tempo preparazione   ___________________

Temperatura acqua   ___________________

Esame olfattivo:

____

Flavore (C)

____

Abbinamenti proposti:

____

____

____

____

____

____

____

Gusti:	Acido	1	2	3	4	5
	Dolce	1	2	3	4	5
	Amaro	1	2	3	4	5
	Salato	1	2	3	4	5
Corpo	Intensità	1	2	3	4	5
	Qualità del corpo	_______________				
Tatto	Astringenza	1	2	3	4	5
	Morbidezza	1	2	3	4	5
Retrogusto	Intensità	1	2	3	4	5
	Persistenza	1	2	3	4	5

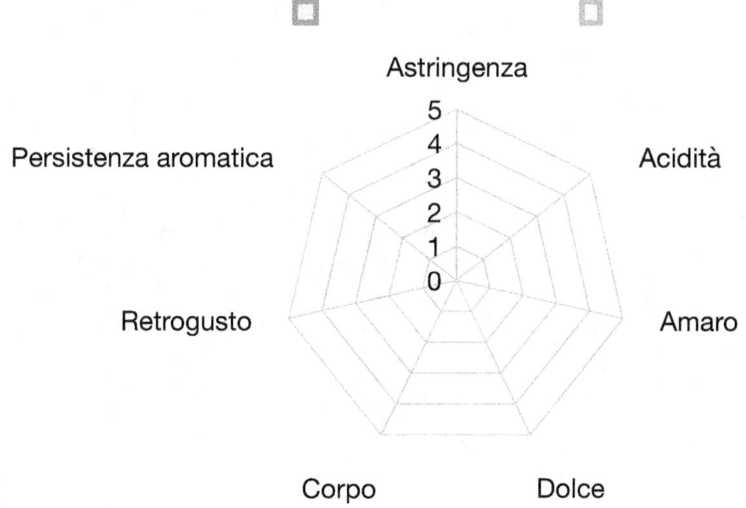

Bibliografia

Appadurai, Arjun
1996 - Modernity at large. Cultural dimension of globalization, Minneapolis-London, University of Minnesota Press (trad. it. 2001, Modernità in polvere, Roma, Meltemi)

Artusi, Pellegrino
2012 - La scienza in cucina e l'Arte di mangiar bene, Giunti editore, Firenze

Augé, Marc
2004 - Rovine e macerie, Bollati Boringhieri, Torino
2015 - Un etnologo al bistrot, Raffaello Cortina editore, Milano
2017 - Momenti di felicità, Raffaello Cortina editore, Milano
2018 - Sulla gratuità per il gusto di farlo!, Mimesis / Chiccodoro, Fano

Balzac, Honoré de
1839 - Trattato sugli eccitanti moderni, in AAVV Stupefatti!, Piano B edizioni, Prato, pp. 7-34.

Beccaria, Gian Luigi
2017 - L'Italiano in 100 parole, RCS - Corriere della sera, Milano

Berardo, Cetta
2005 - Caffè da leggere, L'ambaradan, Torino

Bergonzi, Chiara
2021 - Il caffè. Hoepli editore, Milano

Bruno, Timothy
2021 - Why is Saint Drogo of Sebourg, the patron saint of coffee?, pubblicato sul sito procaffeination.com, https://procaffeination.com/why-is-saint-drogo-of-sebourg-the-patron-saint-of-coffee/, consultato il 12 giugno 2024.

Byung-Chul, Han
2021 - La scomparsa dei riti. Una topologia del presente, Nottetempo, Milano

Ciurleo, Luca
2013 - Tradizioni di pastafrolla. I biscotti tipici del Vco tra folk, fake ed esperimenti antropologici, Ultravox, Domodossola
2014 - All'ombra del castello, sotto il manto di Re Lupo, Landexplorer, Domodossola
2014 - Non si butta vi niente! Il ruolo della donna nel mantenimento del materiale e dell'immateriale, in Crepaldi, 2014

2022 - La società di lattice - Viaggio di un antropologo urbano nel mondo post CoViD-19, PAV Edizioni
2023 - Il valore aggiunto della tradizione. Un'analisi di media-scape, food-scape e folk-scape nella cultura popolare contemporanea", Landexplorer - Kdp

Ciurleo, Luca - Piana, Samuel
2016 - Ciboland - Viaggio nell'Expo tra antropologia ed economia, Landexplorer, Boca

Courty, Hippolyte
2022 - Cafè, Hachette Pratique, Paris

Cremonini, Simona
2015 - La leggenda vien mangiando. Leggende e altre storie su come sono nati cibi e vini, Associazione culturale PresentARTsì, Grisignano di Zocco (VI)

Crepaldi, Silvano
2014 - La metà imperfetta. La condizione femminile nel Novarese, edizioni Lampi di stampa, Milano

Crippa, Davide e Di Prete, Barbara
2008 - Catalogo collezione permanente Museo Arti e Industria, Ecomuseo Cusius, Omegna

De Crescenzo, Raffaello
2021 - Caffè: molto più di una bevanda! Reperibile su https://www.gazzettadelgusto.it/prodotti/curiosita-sul-caffe-dalla-coltivazione-alla-degustazione/

Della Bianca, Luca
2003 - Manuale di Caffeomanzia, Hermes edizioni, Roma

Di Giammarco, Rodolfo
1989 - Venga a prendere un caffè da noi (Tedeschi loschi maschi molluschi), in Fassbinder, 1989, pp. 5-14.

Donna Letizia
1982 - Il saper vivere - Arnoldo mondatori editore, Milano

Douglass, Mary
1993 - Purezza e pericolo. Un'analisi dei concetti di contaminazione e tabù, Il Mulino, Bologna

Eco, Umberto
2016 - Pape Satàn Aleppe, La nave di Teseo, Milano

EXPO
2015 - Nutrire il pianeta, energia per la vita, Catalogo ufficiale di Expo 2015, Electa, Milano

Fabietti, Ugo e Remotti, Francesco (a cura di)
1997 - Dizionario di Antropologia, Zanichelli, Bologna

Fassbinder, Rainer Werner
1989 - das Kaffeehaus ovvero La bottega del caffè, Gremese editore, Roma, ed. or, Das Kaffehaus Nach Goldoni, 1986.

Fassino, Giampaolo
2020 - Il caffè espresso: un tratto distintivo degli italiani, in 2020 in Palaver 9, n. 2, Università del Salento, pp. 167-187

Frazer, James
1991 - Il ramo d'oro, Bollati Boringhieri, Torino

Furiassi, Chiara
2012 - False Italianisms in British and American English: A Meta-Lexicographic Analysis, in Proceedings of the 15th EURALEX International Congress. Oslo, 7th-11th August 2012, Department of Linguistics and Scandinavian Studies, University of Oslo, Oslo, pp. 771-777

Galland, Antoine
1699 - De l'origine e du progrès du café, Sur un manuscrit arabe de la biblioteque du roy, Caen, Parigi

Gibelli, Luciano
2004 - Memorie di cose - Attrezzi, oggetti, cose del passato raccolti per non dimenticare, Priuli e Verlucca, Torino

Godina, Andrej
2017 - Barista in un libro. Manuale tecnico per il barista, Edizioni Medicea, Firenze

Godina, Andrej e Barnabà, Massimo
2019 - Tostatura in un libro, Edizioni Medicea, Firenze

Godina, Andrej e Bonacchi, Sandro
2019 - Zerocaffè. Il diritto alla felicità, Edizioni Medice, Firenze

Godina, Andrej e Illiano, Mauro
2022 - Brewing in un libro. I metodi di estrazione del caffè, Edizioni Medicea,

Firenze
2024 - Caffè & Vino - Due mondi una guida, Edizioni Medicea, Firenze

Godina, Andrej e Marchesi, Massimiliano
2023 - L'assaggio del caffè in un libro, Edizioni Medicea, Firenze

Godina, Andrej e Polojac, Alberto
2018 - Caffè verde in un libro, Edizioni Medicea, Firenze

Goffman, Erving
1967 - Interaction Ritual, Doubleday, Garden City. (trad. it. 1988 - Il rituale dell'interazione, Il Mulino, Bologna)
1998 - L'ordine dell'interazione, Armando editore, Roma

Goldoni, Carlo
1852 - La bottega del caffè. Commedia in tre atti, Libreria Teatrale di Angiolo Romei, Firenze, edizione originale del 1750.

Graeber, David
2018 - Bullshit jobs: a theory, Simon & Schuster, New York

Grandi, Alberto, Soffiati, Daniele
2024 - La cucina italiana non esiste. Bugie e falsi miti sui prodotti e i piatti cosiddetti tipici, Mondadori

Grimaldi, Piercarlo
1996 - Tempi grassi, tempi magri. Percorsi etnografici, Omega Edizioni, Torino
2002 - Cibo e rito. Il gesto e le parole nel cibo tradizionale, Sellerio, Palermo

Harris, Marvin
2006 - Buono da mangiare, Einaudi, Torino

Hoffman, James
2019 - Il mondo del caffè. Storia, produzione, geografia, cultura, Edizioni Slow Food, Bra

Iacchetti, Giulio (a cura di)
2011 - Italianità, Corraini edizioni, Viadana

Levi Strauss, Claude
1966 - Il crudo e il cotto, Il Saggiatore, Milano
1971 - L'origine delle buone maniere a tavole, Il saggiatore, Milano

Lidwell, William, Manacsa, Gerry
2011 - Deconstructing product design: exploring the form, function, usability,

sustainability and commercial success of 100 amazing products, Quayside, Beverly (US)

Malaguzzi, Silvia
2013 - Arte e cibo - Artdossier, Giunti, Roma

Marino, Matteo e Gotti, Claudio
2016 - Il mio primo dizionario delle serie tv, Beccogiallo, Sommacampagna

Mauri, Chiara
2015 - Il cluster caffè, in Expo 2015, pp. 326-237

Montanari, Massimo
1995 - Il pentolino magico, Laterza, Roma-Bari
2005 - Il cibo come cultura, Laterza, Roma-Bari

Morellini, Mauro
2015 - Expo Milano 2015 for Dummies, Hoepli, Milano

Niola, Marino
2023 - Si fa presto a dire cotto. Un antropologo in cucina, Paperbacks Il Mulino, Bologna

Padovani, Maddalena
2011 - Moka Bialetti, in Iacchetti 2011, pp. 74-77

Petrini, Carlo
2005 - Buono, pulito e giusto, Einaudi, Torino

Prandi, Massimo
2022 - Perché ci piace così tanto il caffè? Reperibile su https://www.giornaledelcaffe.it/curiosita/perche-abbiamok-sete-di-caffe/?fbclid=IwAR3RYYPJK4pV-7a9XTeyfUXcosgqItNgu1nAjQOEKkHL0QrHeoYqpa-1Bjg

Remotti, Francesco
1990 - Noi primitivi, Bollati Boringhieri, Torino

Rossi, Nadia
2021 - Competitive data, numeri in crescita per le torrefazioni italiane, reperibile su 3 febbraio 2021, in www.Bargiornale.it/caffe/competitive-data-numeri-in-crescita-per-le-torrefazioni-italiane/

Sautet, Marc
1998 - Socrate al caffè, come la filosofia può insegnarci, con semplicità e

soddisfazione, a capire noi e il mondo, Ponte delle grazie, Milano

Segalen, Martine
2002 - Riti e rituali contemporanei, Il Mulino, Bologna

Severgnini, Beppe
2008 - Italiano. Lezioni semiserie, Bur Rizzoli, Milano

Stupazzoni, Marco
2010 - Honoré de Balzac, Trattato degli eccitanti moderni (1839), in Studi francesi, 160, pp. 165-166.

Terzi, Manuel
2012 - Dalla parte del caffè. Storia, ricette ed emozioni della bevanda più famosa al mondo, Pendragon, Bologna
2018 - I profumi del caffè: cosa dobbiamo sentire, reperibile su https://www.gazzettadelgusto.it/prodotti/profumi-del-caffe-cosa-dobbiamo-sentire/
2020 - Il caffè può essere sostenibile? La risposta è nella permacultura, reperibile su https://www.gazzettadelgusto.it/prodotti/permacultura-applicata-al-caffe/

Travaglini, Marco
2020 - "Sembra facile... fare un buon caffè". L'Omino coi baffi e la Moka Bialetti, pubblicato su Consiglio Regionale Piemonte, https://crpiemonte.medium.com/sembra-facile-fare-un-buon-caffè-lomino-coi-baffi-e-la-moka-bialetti-a452c72cb757 consultato il 12 giugno 2024

Vergano, Chiara
2004 - I mestieri del gusto, 12 ottobre 2004, in https://www.repubblica.it/economia/miojob/lavoro/2004/10/12/news/ mestieri del gusto-140905250/

Sitografia

- http://www.corriere.it/solferino/severgnini/04-07-10/01.spm?refresh_ce-cp
- https://www.etsy.com/it/listing/462816069/st-drogo-patrono-di-caffe-11-x-17-poster
- www.google.it
- http://www.ilgiornale.it/news/milano/ecco-porta-romana-primo-bar-ore-1113593.html
- http://innovationzen.com/blog/2007/01/15/why-starbucks-is-not-present-in-italy/
- www.lastampa.it
- https://www.mcdonalds.it/mccafe
- www.millionaire.it
- www.mumac.it
- www.santiebeati.it
- http://www.santiebeati.it/Detailed/92331.html
- www.tripadvisor.it
- http://www.vallevigezzo.eu/il-caffe-del-pariulin/
- www.wikipedia.it
- www.en.wikipedia.org
- http://youpopcorn.net/i-santi-patroni-del-cibo/
- https://www.youtube.com/watch?v=3--sqed82cY
- https://www.apetimemagazine.com/40-tipi-di-caffe-in-italia-li-conosci-tutti/40-caffe-diversi-tipi/
- https://www.comunicaffe.it/luca-ciurleo-cultura-espresso-rito-tazzina/
- http://caffeflorian.com
- http://caffepedrocchi.it
- https://japanesecoffeeco.com/
- https://mumac.it
- https://www.ritodelcaffe.it/
- http://www.comunicaffe.it/
- http://www.sommelier.blog/

L'autore

Classe 1983, giornalista iscritto all'albo dal 2009, collabora da oltre vent'anni con il settimanale Eco Risveglio.

Laureato in beni culturali a Vercelli con i professori Piercarlo Grimaldi, Davide Porporato e Battista Saiu, prosegue gli studi a Torino con il professor Pier Paolo Viazzo, con una tesi sulle tradizioni e le neotradizioni ossolane. Da ormai una ventina di anni si occupa di studiare l'Ossola ed il suo folklore, in particolare le cavagnette ed i falò solstiziali. Da qualche anno si interessa di antropologia dell'alimentazione, in particolare alla luce della tematica di folklore e fakelore, presentando, in varie conferenze, i prodotti tipici ossolani nella prestigiosa cornice di Expo 2015.

Ha compiuto studi anche sulla globalizzazione, basandosi sulle teorie dei flussi, in particolare approfondendo le mode dei cibi ed in mondo della Grande distribuzione organizzata.

Ultimo campo di analisi quello sulla pandemia di CoViD-19, dove, nel 2022, ha dato alle stampe il libro "La società di lattice", per i tipi di PAV edizioni. Dal 2013 collabora con la *Fondazione UniversiCà – La bottega dei mestieri di Druogno*, con conferenze ed aperture estive del museo multimediale, mentre dal 2019 è formatore presso la scuola professionale Vco Formazione. *Sommelier* plurimatrice (caffè, acqua minerale e miele) dal 2022 tiene corsi dedicati al mondo del caffè presso la *Scuola Italiana Sommelier di Milano*.

Seconda edizione, finito di stampare nel mese di luglio 2024